河出文庫

プーと私

石井桃子

河出書房新社

もくじ

プーと私

プーと私

イギリスの劇作家、A・A・ミルンが子どものために書いた本、"Winnie-the-Pooh"「クマのプーさん」に主要人物（？）として出てくる、頭のわるいクマのプーにはじめて出あった時のことは、まえにも書いたが、これは私にとって、ふしぎな、そしてまた、それからの私にかなりかかわりのあるできごとのように思われる。

一九三三（昭八）年のクリスマス・イーヴに、私は、そのころ、信濃町の駅のすぐ上にあった、故犬養健氏邸をたずねた。当時、私は、雑誌社に勤めていて、はじめ、仕事のことで健氏と知りあい、そのうち、いつのまにか、夫人やふたりのお子さんたち（いまは評論家として活躍中の犬養道子さんと共同通信社の康彦さん）たちと親しくなってしまっていたのであった。その夜も、きっとクリスマスのことで伺ったのにちがいない。

のちには建てかえられたが、そのころの犬養邸は、ライト式の簡素なバンガロー風のつくりで、大谷石をつかった玄関をはいると、中庭を囲むように廊下がカギの手に曲っていて、その左へ曲る角のところが、小さなホールになっていた。

その夜、そこには、小さなクリスマス・トリーが飾られていて、その下に、あまり新しくない朱色の（と、私は記憶している）ジャケットのかかった本が一冊おいてあった。（ほかに何か贈り物があったのかどうか、その夜おこったことで、プーに関する以外のことは、みな、記憶がうすれてしまった。）

当時、小学四年くらいだった道子さんが、「公ちゃんがくれたの。」といって、その本を私に見せた。本の題は、"The House at Pooh Corner" というので、トラやクマらしいものや、小さい男の子などの、とてもいい、たのしい絵がついていた。扉には「康彦君　パパに読んでおもらいなさい　公一」ということばが書かれてあった。

道子さんたちが、公ちゃんと呼んでいたのは、西園寺公一氏のことであった。そこに書かれている文字が、たいへん美しく、ことに公の字が私にはよく見えたので、自分の名をこのように書ける人は幸いなるかな、と思ったことをおぼえている。そして、またそのページには、その本は、それより何年かまえに、西園寺氏が、イギリスにいたころ、ある夫人からおくられたものである旨が、英語で書いてあった。

私が、そんなところを順々に見ているうちに、道子さんと康ちゃんは、それまでもよくしたように、「読んで！　読んで！」を唱えはじめていた。

私は、ストーヴのそばに腰かけて、読みはじめた。

その時、私は、その本の著者についても、その本に登場するクリストファー・ロビンやプーやコブタについても、何も知らなかった。だから、私は、小さい聞き手に何の予備知識もあたえないで、いきなり、「ある日、プーは――」とはじめたのである。

その時、私の上に、あとにも先にも、味わったことのない、ふしぎなことがおこった。私は、プーという、さし絵で見ると、クマとブタの合の子のようにも見える生きものといっしょに、一種、不可思議な世界にはいりこんでいった。それは、ほんとうに、肉体的に感じられたもので、体温とおなじか、それよりちょっとあたたかいもやをかきわけるような、やわらかいとばりをおしひらくような気もちであった。

ずっとのちに、やはりイギリスのC・S・ルイス作の「ライオンと魔女」という本の冒頭で、ルーシーという女の子が、宏壮なおじさんの屋敷で衣装だんすの中にはいりこみ、そこにさがっている毛皮の外套をかきわけたところ、その先の魔法の国にいってしまったというところを読んだ時、私は、はじめてプーの話を読んだ時のことを思いだした。ふしぎな世界へつきぬける時、くぐりぬけるのは、肌につめたかったり、かたかったりするより、何かもやもやとした、やわらかいものなのだろうか。

それは、ともかく、私が、そうしたふしぎな気分で、

「雪やこんこん、ぽこぽん」

などと口ずさむころには、私の聞き手も、そばで大さわぎをはじめていた。道子さ

んはきゃあきゃあ叫んでいるし、康ちゃんは、ひっくり返ってはストーヴのほうへころがっていくので、私たちは、それにも気をつけなければならなかった。

　プーの話は、世界じゅうにたくさんの愛読者をもっているけれど、その中でも、その夜の聞き手と読み手は、そうわるい読者ではなかったと、私は自負している。とにかく、もやをかきわけながらの私も、小さいふたりも、かなり正確に、この本から流れ出る波長をキャッチしていたように思える。私たちは、「ある日、プーは」とはじめるまでは、ちっともそのことを予期してはいなかった。しかも、そのことは、正におこったのである。

　その夜、私は、残りの話を読んでくるからといって、本を借りて帰り、夢中で読みおえた。といっても、作者についても、作者が、どういういきさつでその本を書いたかも、すこしもわかったわけではなかったが。とにかく、その本の中には、私がはじめて知る、たんのうできる世界が充満していたのである。

　それからというもの、道子さんたちとは、会うたびにプーの話をし、手紙もプー語で書くようになった。

　そしてまた、私の身辺に、もうひとり、プーの話の熱烈な聞き手があらわれた。それは、私より少し年上の、病身の女性で、それからまもなく死ぬ運命にあった人だったが、ある日、私は見舞いにいって、彼女にプーの話をした。プー熱は、たちまち、彼女にも感染し、彼女は、会う時に聞くだけでは満足しないで、紙に書けといった。なぜかといえば、「もうじき死んだら、三途の河原で石をつんでいる、かわいそうな子どもたちを相手に、幼稚園を開こうと思うのだが、ちゃんと日本語になっていないと、上手に話してやれないではないか。」というのであった。

こんなことから、道子さんたちといっしょに、プーを訳して、西園寺氏に校閲してもらって、本にしようかというような話も出たけれど、結局、それから何年かして、私ひとりで本にすることになったのは、そうこうするうちに、私の中で、プーが日本語でしゃべりはじめてしまったからであった。

私は、仕事の都合で、ちょいちょい、丸善や教文館へいく機会があったが、最初に"The House at Pooh Corner"を犬養家のクリスマス・トリーの下で発見してまもなく、教文館の書棚で"Pooh Corner"の前篇であるお話集、"Winnie-the-Pooh"と、やはりミルン作の童謡集"When We Were Very Young""Now We Are Six"の二冊を、たてつづけに見つけた時は、その書棚が、魔法の棚か、宝の山に見えた。そして、この三冊も、すぐ友人たちとの共有財産になった。

死んでいった友だちへのおくり物であった原稿を何度も推敲し、「クマのプーさん」が本になったのは、一九四〇年であった。吉野源三郎氏のおほねおりで、岩波書店から出してもらうことができた。それは、それまで本を出したこともなかった私にとって、望外なことだということを、ぼんやり者の私が、どのくらい自覚していただろうか。

「クマのプーさん」の見本刷ができたという知らせで、岩波書店にいくと、係りの若い女性が、岩波茂雄氏が私に会いたいといわれているという。私は、二階の一ばんおくの社長室にあがっていった。容貌魁偉《かいい》な岩波氏は、おくの壁いっぱいに墨書された「五カ条の御誓文」を背にどっかと坐っていらしった。（私が、小さい聞き手に「プー」の話をしていたころ、また、じき死んでいく人のために、時間をおしんで「プー」を下書きしたころ、日本は、戦争へ、戦争へと進んでいたので、プーの思い出には、若かった私の、何か必死に自分のものを守ろうとする気もちがまつわりついているけれど、それについては、ここではふれない。ただ私は、五カ条の御誓文をしょった岩波氏と、ことにその中の「人心ヲシテ倦マザラシメン事ヲ要ス」という文字に圧倒された。）

あいさつがすむと、岩波氏は親切に話しだされて、

「あなた、これまで、どこから本を出しましたか？」と聞かれた。

「今度がはじめてです。」

と答えると、氏はちょっとおどろいたように、

「じゃ、あなた、よほど英語がよくできるんですね？」といわれた。

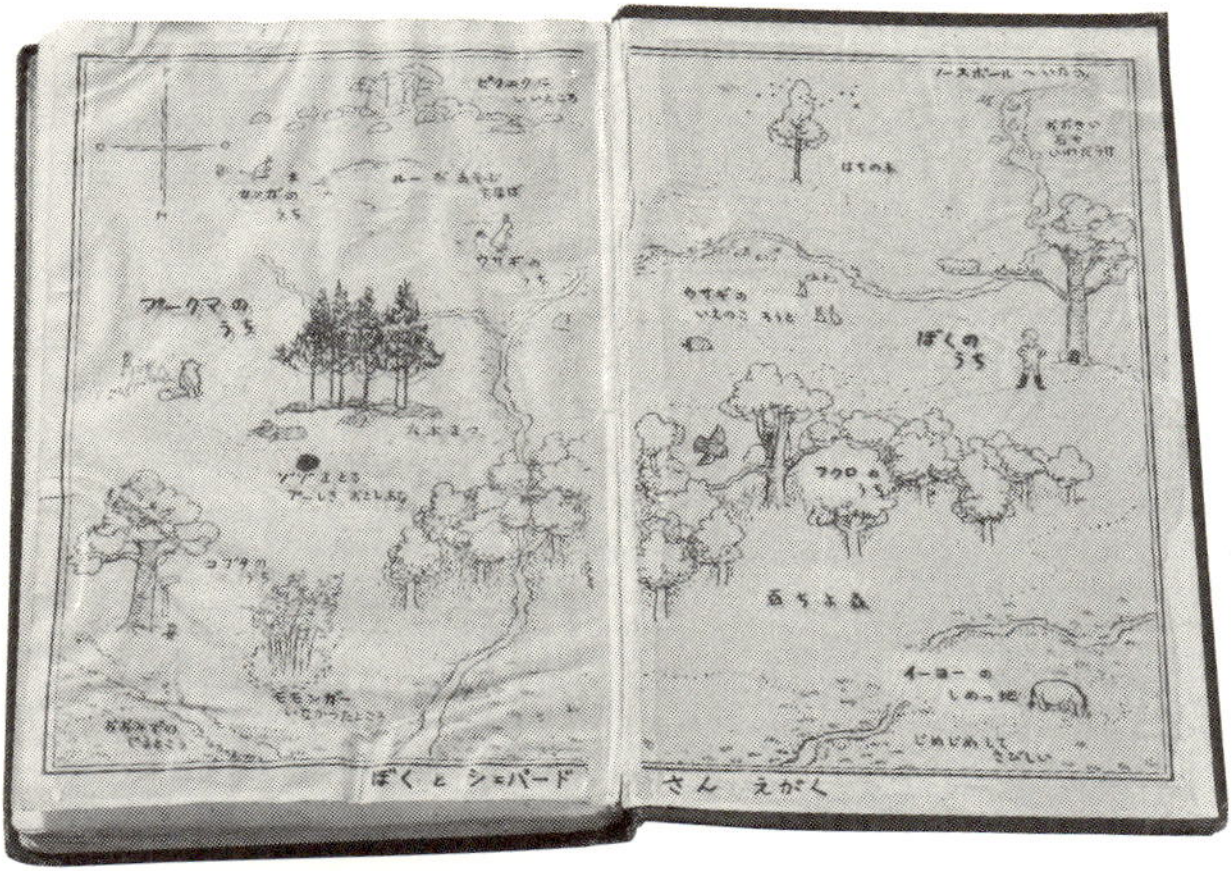

『クマのプーさん』原書の見返しにある地図。日本語訳が書き込まれている

それに、どう答えたか、すこしもおぼえていないが、この問答は、その後もよく私を考えさせる。

試験をうけたら、私は英語でよい点はとれないと思う。文法などはちっともわからないから。しかし、「プー」は読めた（もちろん、よくわかるイギリス人とおなじ程度ではないとしても）ということは、どういうことだろう。

戦争のはじめごろ、「プー」を読んで、すきになってくれたひとたちは、「プー」の本が、戦争がはげしくなって敵性国家のものとして紙の配給をうけられず、絶版になり、戦後もしばらく、翻訳権の所在がわからず、出版されないでいた時、「どうしてまた『プー』を出さないのか。」と聞いてくれた。そして、あるひとは、古本屋をさがし歩き、背に「のプ」という字だけ残っている本を見つけだした時のうれしさはなかったと話してくれた。私も、そういう本を見つけたいと思っていた。私の手もとにも、最初に出た「クマのプーさん」「プー横丁にたった家」はなくなっていたのだから。ずいぶんたくさんとっておいたはずなのに、みんなだれかにもっていかれてしまった。たしか、岩波書店の原本もなくなっているのではないだろうか。用事で、あるいたずらなひとを訪ねていったら、その人は、用事にかこつけて、岩波書店から原本を借りだし、それきり返さないのだと言っていたから。

こんなにプーがすきなひとがたくさんいるのに、プーをおもしろがらないひとも多いということは、いつのまにか、プーの手にひかれて（？）子どもの本を編集したり、書いたりする仕事にはいりこんでしまった私にとって、じつに大きな考えるべき材料なのである。

昔話は、十人中、八、九人のひとにアピールする。ところが、創作になると、話がちがってくる。話の中に、ひとりの個性が盛られてくると、読者の幅は、それだけせまくなる。では、昔話と創作では、じっさいの話の上で、どこがどうちがうのか。こうして、頭のわるいクマのプーは、いまだに、ただおもしろおかしいだけでない、「思案のしどころ」へ、たえず私をつれていってくれるのだが、しかし、「プー」の本にかぎって、私は、あえて、分析しようとは思わない。魔法は魔法でとっておきたいからである。

A・A・ミルンの自伝を読む

少しまえのこと、私は、ある新聞に、つぎのようなことを書きました。

「イギリスの作家A・A・ミルンの書いた「プーさん本」と呼ばれる、四冊の児童書（詩集二冊にお話集が二冊）は、ふしぎな本である。

私がこのうちの一冊（のちに「プー横丁にたった家」として訳したもの）に初めて出会ったのは、一九三三年の冬。ある家のクリスマス・ツリーの下にあったのを、二人の幼い友だちに訳して語ろうとして取りあげたときであった。だが、そのとき、私はミルンが誰か、プーが何者かを全く知らなかった。にも拘わらず、二ページと読み進まないうちに、語り手も聞き手も、一人の男の子と彼のぬいぐるみのおもちゃが、魔法の森でくりひろげるお話にひきこまれて、笑いころげていたのであった。……」

なぜか、私には、このごろ、「クマのプーさん」が日本語に訳されたときの事情をひとに話したり、短い文章に書いたりする必要が何度か出てきて、いく度もおなじことを、言葉を変えて書くのが、自分ながら心苦しく思うようになってきていました。

それで、いまも、右の文章を引用したというわけです。「クマのプーさん」と「プー横丁にたった家」の二冊は、好きで、夢中で読んで、訳してしまったというのが、本当のところで、著者A・A・ミルンについて、またミルンの息子、クリストファー・ロビンや、その遊び友だちのおもちゃがお話になったいきさつについては、かなり長い年月のあいだ、私が、実際に即しての知識を持っていなかったことが、いつも私の弱みになっていました。

「プー」翻訳の第一版が出たのは、一九四〇年であって、まだ日本では、聖戦貫徹議員連盟などという、いま考えると、危険な代議士の団体ができているころで、翻訳の「あとがき」を書くときにも、私は、その資料になるべきものを、どこで、見つけてきたのか、少しもおぼえていません。プーの本は、そうした日本のあわただしい戦時下の時代に、何かのまちがいのように出版許可が出て、紙の配給をうけてしまったものでした。しかし、その後、戦争がはげしくなるにつれて、敵性国家の産物であることや、不用不急の子ども向けのお話であるという理由で、増刷はとだえたのだとおぼえています。

そして、戦後。日本の出版界は、ぱっと目をさましたように活動しはじめたらしいのですが、私はそのころ、東北の農村で畑を耕していましたので、日本と外国のあいだで、翻訳権の問題がどう進展していったのか、くわしくは知りません。何を翻訳してはいいか、いけないかについては、GHQ、または、GHQのなかの文化部のようなところにかなりの権限があったらしく、いなかで土にまみれていた私のところまで、欧米の名作の翻訳権が、占領軍の裁量で、日本の出版社へオークションで許可されたというような、驚くようなニュースが届いたりしました。

あるとき、Eという出版社から、「『プー』の翻訳権の許可が我が社に降り、あなたの翻訳を使うことになったから、上京するように」という便りがありました。鉄道の切符もなかなか買えない時代だったので、苦労して上京してみると、E社には、イギリスの軍服を着て、明らかに軍人であると思われる人と、背広を着ていて、英語も日本語も話す、白人だが、イギリス人とは思えない名前の人と、戦前の長い期間を、日本ですごし、(そして、戦争中は、イギリスに帰っていたのが、日本が戦争に負けたので、また日本に戻ってきた様子の) イギリス系の人の三人がいて、日本人の社員は、社長以下、二、三人でした。

私は、そこの誰とも初対面でした。私は、いま私が二番めに挙げた、背広を着た人とテーブルに並んで坐り、「クマのプーさん」の日本語訳と、英文との読み合わせをし、翻訳は合格ということになりました。

また東北に帰るまえに、私は岩波書店に寄り、以前、戦争中だったにもかかわらず、「プー」を出版してくれた親切な人たちに、今度、E社とのあいだでおこったいきさつを報告しました。しかし、占領下、どういう手段でか、E社に許可されたプーの翻訳権については、岩波書店ではどうすることもできないのでした。それに、私は、東北の山村で、村の人たちといっしょに酪農組合をつくろうとしていて、そのころ、お金を必要としていました。

さて、こうして、戦争中、いったん途絶えた「クマのプーさん」は、戦後、「特別版権獲得」という帯をつけて、また日本の書店から人びとのあいだに出ていくことになったのですが、この本が、その形でどのくらいの部数、出版されたものか、私はおぼえていません。はっきりおぼえているのは、E社から、最初のうち届いていた印税が、すぐこなくなって、困ったということです。

しかし、やがてその後、「プー」の本は、紆余曲折を経て、またなつかしい古巣、岩波書店にかえってきたのですが、それらのことについては、いまの私は、安堵したという以外、何の記憶もないので、いかに、戦後のそのころが、日本人にとって、あわただしい時代であったかわかります。

さて、童謡詩二冊も含めた「プーの本」四冊が、イギリスの著名な挿絵画家、アーネスト・H・シェパードの黒白の絵で飾られていたことは、いまさら、説明するまでもないほど、世に知られていることですが、これらの本の出版元のメシュエン社では、一九五〇年代の終りごろから「クマのプーさん」と「プー横丁にたった家」の合本の、それまで黒白だったジャケットと挿絵に、色をつけることが討議されていたということです。目的は、それを機会に、「プーの本」四冊をペイパーバックにすることと、プーのお話の合本の売れゆきを増すこととにあったようです。しかし、そのとき、シェパードは、すでに八十歳をこえていましたので、その仕事は、彼にとっては、かなりの冒険でした。出版社では、シェパードにストレスのかからないよう、技術的に万全の研究をし、この事業は、一九六〇年代の半ばに決行され、成功したのでした。

さまざまな理由に妨げられて、「プーの本」の「あとがき」や、A・A・ミルンその人についての勉強をなおざりにしてきた私が、「もっとミルンを読んで、ミルンをつかめ」と、自分自身をむちうちはじめたのは、この合本が、岩波書店でも出版されることになり、新しい「あとがき」を書く機会があたえられたときのことでした。

その時、私は、まず、ミルンの「自伝」はないものかとさがしました。すると、自伝はあったのでした。しかし、その本を注文するより先に、岩波書店の編集部の人が、東京のどこかの図書館で、「ミルン自伝」を見つけて、そのコピーをとってきてくれました。

私は喜んで、そのコピーを早速読みはじめたのですが、驚いたのは、この自伝がむずかしくて、よく読めないということでした。何十年かまえに、「クマのプーさん」を読んだときには、読むという努力もしないうちに、その世界にはいりこんでいくことができましたのに。どうして、おなじひとの書いた自伝が、このようにむずかしいのだろうと、私はふしぎに思いました。むずかしい言葉が使われているわけではありません。言葉はわかるのに、意味がわからないのです。

思いあぐねて、「自伝」のコピーを封筒に入れ、本棚に入れたり出したりしているうちに、身辺にさまざまなできごとがあって、時がたちました。

A・A・ミルンのことを、もう延ばしていられないぞと考えだしたのは、去年の夏のことです。岩波書店の「クマのプーさん」と「プー横丁にたった家」の合本の版がいたみ、新しい改訂版を出すのにあたって、「もし『あとがき』を書きなおすのであれば、この機会に」という言葉を、編集部から受けたのでした。

「一度、ミルンの心にパッと触れたことがあった。それは、何十年かまえのある晩、プーのお話の本を、何の先入主もなしに手にとったときだった。私は、あのとき、ミルンが、『プーの本をこう読んでくれ』と考えるように読んだ。もう一度、彼の自伝を、そのように読みたい」と、切に思いました。

私が、「だれか、ミルンの自伝、いっしょに読んでくれるひと、いないかしら」と、口ぐせのようにもらしはじめたある日、身辺にいる若い女性がいいました。

「Bさんに相談してみたら？」

Bさんとは、いま日本に住むアメリカの若い詩人でした。会ったことはないのですが、三年ほどまえ、あることでBさんに手紙を書くきっかけができ、Bさんのりっぱな日本語に驚き、それから、二、三度の文通もあったのですが、おつき合いは、それなりになっていました。

私は、身辺にいる若い女性の言葉にはげまされて、早速、Bさんに手紙を出しました。私の方の希望は、いま、ここまでのところで書いたように、ミルン自伝を読むについての先生がほしいということですが、できれば、イギリス人で日本語のできるひとと、読むのは、これこれの本と、何の儀礼的なことも加えずに、必要な事項だけを書いて、出しました。

四、五日して、Bさんから電話で返事がありました。Bさんの身辺に、詩を書いて持ち寄り、読みあっているグループがあり、そのなかに、Sさんというイギリス人がいる。日本語があまり上手でないのが難だけれど、たいへんいい人だから、つれていってみようかというのです。Bさんも助だちをしてもいいということでした。

私は、次の週の、空いている午後の時間をBさんに告げました。

さて、約束の日、約束の時間が来て、Bさんは、心おきなく何でも話しあえる、明るい、若いアメリカ人として、私の目の前にあらわれました。Sさんは、いかにもイギリスの人らしく、Bさんより儀礼をただして、とてもはずかしがりやのように見えました。二人の大柄な若い男性で、私の居間は、いっぱいになった感じでした。

Bさんは、いまも書いたように、部屋にはいってきたときから、もう旧知の友だちといった態度でしたから、かんたんな初対面の挨拶がすんでしまうと、「じゃ、やってみます？」と、話は、すぐ勉強のことに移っていきました。

私も、それにつられて、用意しておいたA・A・ミルンの自伝“It's Too Late Now, 1930”の写しを、一通ずつ、BさんとSさんの手に渡していました。

この勉強については、私に少し注文がありました。何しろ、こちらが老人ですので、あまり早口でなく、こちらのテンポでやっていただきたいので、そのためには、私が一段落ずつ、声に出して読んでいき、段落ごとに質問をしていきたいということでした。（声を出して読むことの利点は、もうひとつあって、声に出すと、わかっているつもりのところでも、わかっていないことがあるのが、すぐわかることだと、私は、これまでの経験から知っていました。）

このようにこちらの条件を提示しておいて、このわがままな形の講読の時間ははじまりました。そして、その成りゆきは、考えていたよりずっとずっとうまく進展したのです。私のアクセントがおかしかったり、まちがって言葉をとばしたりするところがあると、ピチッと、すぐ訂正がはいるし、一つの段落が終って、ここと、ここがわからないと私がいうと、Bさんからは、立て板に水の如く日本語の説明がつくし、Sさんからは、英語で補いの言葉が出ます。二人の意見が、ちょっとでもちがえば、二人の話しあいがありました。あっという間に、時間がすぎ、文章上でひと区切りついたところまで来たとき、一時間以上がたっていました。読み終えたページ数は、八ページでした。その日は、Sさんにもう一つの約束があり、彼は、そこへ出かけなければならない時間になっていました。

Sさんと B さんのあいだに大急ぎの話しあいがあって、来週は、Sさんひとりでということにきまって、Sさんは去りました。あとで、Bさんと私は、ゆっくりお茶をのみました。まるで、毎日会っているお友だちのように楽な気もちで話せたことも、私にとってはうれしいことでしたが、それ以上にうれしかったのは、ミルンという、もういまは亡くなって、かなり年月もたつイギリスの作家に、BさんもSさんも大きな興味を示して、その日読んだところが、三人にとって、たいへんおもしろかったということでした。

Bさんも S さんも、若い詩人ですから、「クマのプーさん本」を子どものころ、読んで育ったことは、当然のことといえるでしょうが、その本の生みの親であるA・A・ミルンについては、どうだろう、というのが、読みはじめるまえの私の心配でした。もう四十年以上もまえに亡くなっている作家の名を聞いて、「なぜ、いまさら、ミルンを?」と、二人は思わなかったでしょうか。

ありがたいことに、最初の勉強がはじまった日から、今日までに、二カ月がたちますが、時どき、間にはさまってくださるBさんを交え、先生二人と私は、いまかなり熱心に、たのしんで「ミルン」に立ちむかっています。

私は、前にむずかしくて読めなかったミルンの文章の読み方を教えられた気がします。ミルンは、文法通り、きちんと関係代名詞をつけ、もってまわって書く人ではなかったようです。書かないでもいいところは、ぱぱっととばし、わからない人には、わからないでいいという態度で書いたように、私には思えてなりません。ミルンの書く言葉の順序も、句読点も曲者に思えました。行と行のあいだに、またコロンやセミ・コロンのうしろに、たくさんのものがかくされているようです。

Sさんは、自分がBさんのように日本語をあやつれないのを補うように、一回毎に、びっしりと厚いノートをつくってもってきてくれます。そして、彼は、ミルンの伝記（自伝ではなく、ほかの人がミルンについて書いた伝記）の熱心な読者にもなりました。私がうっかり読みとばしているロンドン市街のバスという一語についても、これはエンジンのついているバスではなく、乗合馬車なのだと私に注意してくれます。すると、私の読んでいる「バス」という文字のうしろに、時代の厚みが生まれて、ミルンの幼少時代に住んでいたプライオリー・ロードという通りにしても、まだロンドン郊外といっていい趣きのある、空地や木々のある風景として、心に浮かんでくるのでした。

いま私たちは、A・A・ミルンが八、九歳にさしかかるところまでを読み終えましたが、ここまでだけでも、私たちにとってはたいへん興味ある箇所でした。後に、「クマのプーさん」を書くようになったミルン自身が幼かったとき、いったい、彼はどのように生きたか、父母はどのような人であったか、その父母たちから、ミルンはどのような教育をうけたか、五、六歳の幼児に、どれだけ心の自由が許されていたか、それは、私にとって、一つの啓示でもありました。

まだまだ先の長い本ですが、それを読み継ぐというたのしみを与えられたことを、そして、それを共にたのしむ先生を与えられたことを、私はたいへんしあわせに思うのです。

「ピーター・ラビットの絵本」を訳して

本を訳すとき、私は、とくに、それが絵本であるとか、お話の本であるとかいうことで、あまり区別をしない。それは、私の訳してきたほとんどの本が、子どもの本で、書かれていることが、形や動きや音声に成りたっていて——つまり、動くストーリーになっていて——私の仕事は、そのもとの形や動きをできるだけよく日本で伝えなければならないと考えるせいであるからかもしれない。

そこで、絵本とはちがうけれど、私が最初に訳した本である「クマのプーさん」を、「ピーター・ラビットの絵本」とひきあいに出させていただきたい。私は、翻訳を自分の仕事にしようというはっきりした考えもないうちに、「プー」を訳した。それは、日米戦争もはじまらないころの昔のことである。そして、それから三十何年後、「ピーター・ラビット」を訳した。

これは、私にとっては、たいへんに興味あることなのだが、英語圏のひとたちと話していて、私が訳したもののなかに、この二つの本がはいっていることを知ると、たいていのひとが、「あのプーを？　むずかしかったでしょう。」というのである。そして、「ピーター・ラビット」については、ほかのことはいっても、むずかしさについてはあまりいわない。

ところが、私自身の経験は、まったくの正反対であった。

プーを訳したとき、私は、私なりに一所懸命やったつもりではあるが、どうにもこうにもならない思いになやんだりしたことなどはなかった。私は、一読、あの話のなかにはまりこみ、文字にするまえに、口で何度も子どもやおとなの友人に話していた。もちろん、そのころ、外国の風習をいまより細かく知っていたわけではなく、慣用語などについては、いろいろのひとに教えていただいた。しかし、大体において、プーとその一党は無意識のうちに、私のなかで動きだしてしまったといっていい。

ピーター・ラビットの本を知ったのは、やはり、「プー」とめぐりあった前後のことと思う。そのころ、雑誌社に勤めていた私は、教文館の書棚のまえで、ピーター・ラビットが、マクレガーさんの庭にとじこめられて、涙をこぼしている絵を見ていた自分をはっきりおぼえている。その本には、せんさいな水彩の絵がついていて、プーなどよりずっとさらっとしたお話だと思った。

プーの話のギャグやナンセンスにはまりこみ、少数の友人とはプー語で話していた若い私は、一見このさらっとしたお話にとびつかなかったのである。

　この本が、よういでない本だと、私が思いはじめたのは、二十何年かまえ、図書館見学のため、アメリカにいったときだった。たいてい公共図書館の児童室で、子どもたちは、いかにも自分の本という顔で、あの小型の本を棚からとりだしては、幼児用の小さな机で母親に読んでもらっていたし、陶器のピーター人形は、棚にのっていて、ピーター・ラビットは、「これをお読みなさい」というものでなく、あたりまえのようにいつも「そこにあった」のである。しかし、ピーターの魅力は何か、ということになると、この本を幼いときから読んで育ったアメリカの児童文学を勉強する学生たちにも、かっちりいいきることはむずかしいらしかった。私が聴講したエリザベス・ネズビット先生の授業で、その宿題をだされた学生たちは、うんうんいっていた。

　それからずっと、ビアトリクス・ポター著の「ピーター・ラビット」をはじめ、その他の本は、私には気がかりな、こわい本になった。折りにふれて、私は、彼女の本について考えた。彼女の伝記も読んだし、彼女についてのレスリー・リンダー氏の研究書も読んだ。リンダー氏というのは、イギリスのエンジニアで（その専門については、私は聞いてもよくわからなかったのだが、建築に関する力学の方面でえらいひとのようであった。）、ポターの死後、彼女の仕事に興味をおぼえて、ポターが少女のころからある時期までつけていた暗号日記を解読し、それを本にし、ポターの絵のオリジナルや原稿や、メモまでを収集したひとであった。

そうしているうちに、子どもとおとなをこんなにつかんで、はなさないポターの本の魅力の秘密が、ひたひたと波のように寄せてくるような気もちになった。福音館の松居さんとも、よくポターの話をしたが、松居さんは、あるとき、「ポターの本、やりましょう。」とおっしゃった。おそらく、それからすぐ、福音館では翻訳権の申しこみをしたにちがいない。しかし、私は、すぐには仕事をはじめなかったから、そのことでも福音館に大分迷惑をかけたにちがいない。

私は、やっとすませた「ピーター・ラビットの絵本」の翻訳のできを、けっして満足していない。そして、あれは、満足のいくように外国語に訳せるような本ではない気がする。しかし、やってみなければわからなかったことが、たくさんわかったから、その点でたいへんありがたいことだと思っている。（けれども、読者の犠牲において、こんなふうに勉強しても、いいものだろうか、まったく申しわけないことである。）

さて、ポターの本にとりかかってみると、これは、三十年まえに無邪気にやってしまった「プー」とは、何というちがいだったろう。私は、ポターの単純な一語一語につまずいた。文章が単純であれば、あるほど、その文章、ことばは、独特のひびきをもち、いっそう小きみよく、きびきびとした語り口で、生きた生活を写している。それは、絵の場合、彼女の描く動物が、何ともいえない表情をたたえているのと合致する。

『ピーターラビットのおはなし』の手製ダミー本

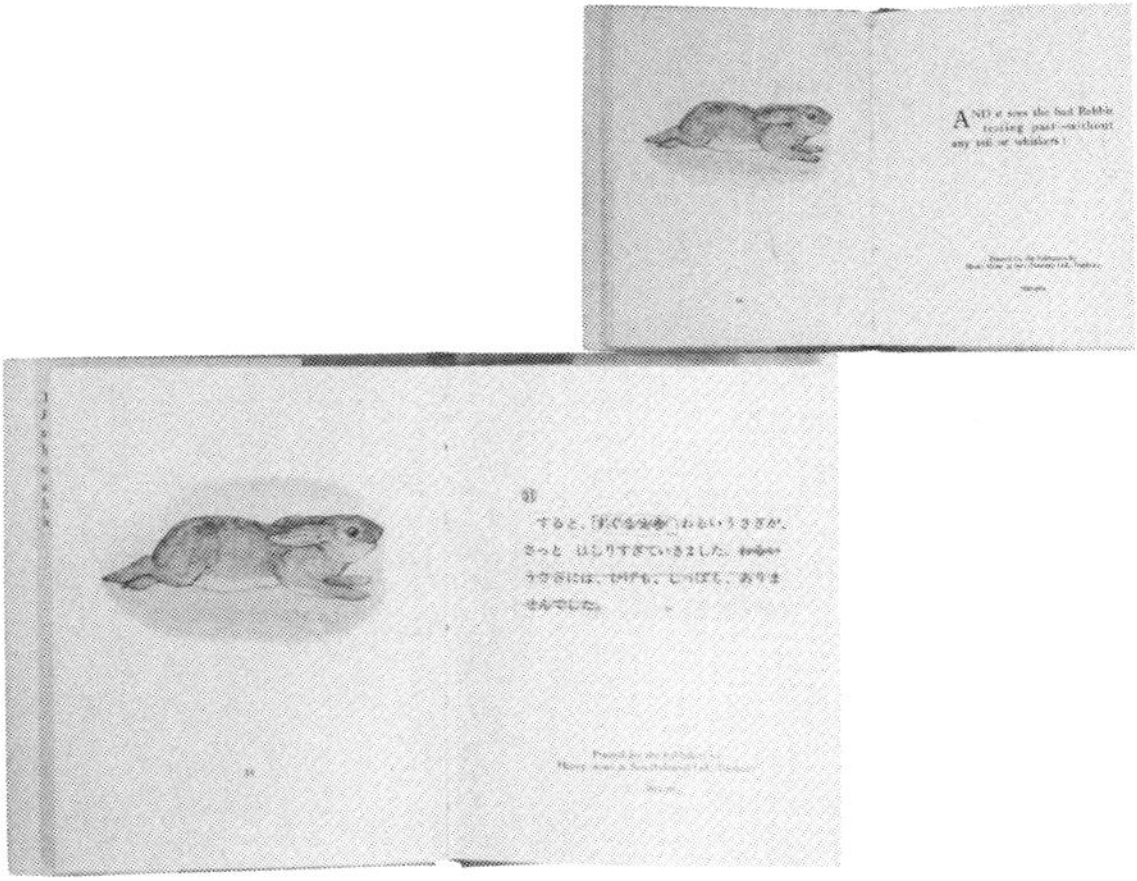

原書（右上）と原書に日本語の訳文を貼りこんだもの

プーの饒舌と、ポターの単純さ。この二つを比較してみれば、私がポターの本で脂汗をしぼられたのは、もっともなことであった。私は、自分についているぜい肉を思い知らされた。そしてまた、これは、気質のウェットとドライの戦いのようなものだった。それと、もうひとつ、彼女のような、およそ間のびしていないお話を、ひらがなになおして、絵とむきあうスペースに組みこまなければならないということも苦しかった。まったくがんじがらめの仕事といってよかった。

いまでも、私は、もしポターさんが生きていて、日本語が読めたら、どんな辛らつな批評がくだることかと思ってしまうのだが、しかし、一方、しごかれるということは、一種爽快なことでもあるという感じをもたないわけにはいかなかった。そして、何よりも、私を助けてくれたのは、仕事の途中に、彼女のさし絵の原画を見られたことで、そのせんさいな線と色は、とてもあの印刷された本の絵からは想像できないほどの、おどろくべきものだった。あの原画が、ひと癖も、ふた癖もある「ピーター・ラビット」の著者に私を近づけてくれたのである。

ニア・ソーリーまいり

外国の物語を翻訳するひとは、だれでも、訳すのに苦手な本や作家をもっているにちがいない。私にとっては、ビアトリクス・ポターの本が、そういう本であり、ポターが、そういうひとなのである。（しかし、これは、そのひとや本が、きらいとか、すきとかいうこととは、全然関係がない。）殆ど無意識にたのしんで訳してしまったミルンの「プー」などとちがって、私は、ポターの本では、単純な一行にも、うんうんいって苦労した。それは、おそらく、ポターの本は、私に欠けている、単純さ、正確さ、ちみつさで成りたっているからではないだろうか。

そして、もう一つ、私にふしぎに思われることは、ミルンの作品と私生活は、まったく切りはなして考えられるのに、ポターは、いったい、どのようにして、あのような絵をかき、文を書くようになったか——その資質はべつとして、その自己訓練の方法が、私にとってまえから大きな興味であったことである。

私が、ポターを訳しはじめてまもなくの一九七二年、とうとう、ポターが三十九歳のときから一九四三年に亡くなるまでの年月をすごした、イングランドの西北、湖水地方のニア・ソーリー村に出かけていったのは、こうした彼女の生活への興味からであった。

ニア・ソーリーは、もちろん、ポターの生まれたところではない。彼女は、一八六六年、ロンドンの裕福な家に生まれた。けれども、そのころのイギリスの富裕な家の習慣にしたがって、夏は避暑、冬は避寒と、一年のうち、かなり長い期間を、召使いもろとも、引越し同様にどこかに大きな家を借りては移り住んだから、田園の自然、風俗は、幼いころから彼女に身近いものだった。いや、一年を通して、おなじところに住んでいた農民たちによりも、自然はいっそう新鮮に彼女に訴えかけてきたのではないかと思えてしかたがない。

ロンドンにいれば、箱入り娘として、三十すぎまで子ども部屋でウサギやネズミを相手に、絵をかき、詩を暗誦してすごした彼女だったが、地方にゆき、森を歩き、植物を観察し、写生するうち、やがて、自分をりっぱな画家、博物学者に育ててしまったのだということは、その伝記を読むと、よくわかる。

あるきっかけから、ウォーン社から最初に出版した「ピーター・ラビット」の評判がよく、その印税をもとにして、彼女は、一九〇六年、湖水地方でも一ばんすきだった湖、エスウェイト・ウォーターのそばに売りに出ていた小さい農場を買った。これが、彼女が父母の束縛からぬけだすための第一歩だった。（一九〇六年は、ポターにとっては、たいへんな年で、「ピーター・ラビット」を編集する役をつとめたウォーン家の一員、ノーマンと、父母の反対を押しきって婚約し、そのすぐあと、ノーマンは白血病か何かで急死した。そのため、ニア・ソーリーに買った農場、「ヒル・トップ・ファーム」が、いっそう、彼女にとって美しく思われ、彼女が、ここで何冊もの傑作を生んだのは、自然なことだろう。）

私が、ニア・ソーリーを訪れたのは、六月のはじめだった。私は、東京を立つ前に、その前々年の二月に、ニア・ソーリーにゆかれた立教大学の吉田新一先生から、そこでは、水仙その他の花が咲いていたと伺っていたから、オーバーは持っていったけれど、厚い服はロンドンにおいて、薄着で出かけた。しかし、ニア・ソーリーに一ばん近い鉄道の駅、ウィンダミアに降りたときは、そのうすら寒さに驚いた。

ロンドンの出版社、ウォーン社では、私にたいへん親切にしてくれ、ニア・ソーリー近くに住む、ウォーン社と関係のある淡水魚の専門家、クレッグ氏を私の案内にたのんでおいてくれた。初老のクレッグ氏は、駅で私を見つけると、今日は、いいお天気だといった。そして、私たちは、氏の車で、細長いウィンダミア湖をカー・フェリーで渡り、対岸の森をぬけ、ゆるやかに起伏するみどりの牧場のあいだの道にはいると、すぐ「ファー・ソーリー」の標識が見え、それからまたすぐ「ニア・ソーリー」

のサインになり、そこをすぎたと思うと、道の右側に「ヒル・トップ・ファーム」という立札が、左側の小さな門を指さして立っている。農家そのものは木にかくれて見えない。

私たちは、そこから五十メートルほど先の、私のホテルまでゆき、荷物をおいて、またもどってきた。門をはいると、石だたみの細道があり、左側は芝生の外に木立ちの垣。右側には花が咲き乱れていて、小道の先に、絵や写真で見たことのある、あの小さなポーチがあった。

はいったところは、入場料を払い、パンフレットや絵はがきも売るという部屋であったが、あいにく、その日は、おすなおすなの混雑。その部屋で管理にあたっている二人の婦人に、クレッグ氏を残して、クレッグ氏が私を紹介することも、容易でないありさまであった。私は、クレッグ氏を残して、人波にもまれながら、あの部屋、この部屋と移っていった。どの部屋にも、どの階段にも見おぼえがあった。彼女の本に、克明に活写されているからである。陳列棚のなかには、「モペットちゃんのおはなし」で、モペットちゃんがネズミをくるんでしまうハンケチさえ、寸法こそちがえ、ちゃんとそのままの模様のがしまわれてある。しかし、何よりも見物人たちが驚いたのは、二階の一部屋に、絵巻物式に陳列されているポターの原画であった。そのせんさいさ、色の美しさは、きのう、若いポターがそれを描いたといっても、ふしぎではないようだった。

ビアトリクス・ポターの家「ヒル・トップ」の前で

その翌日から、クレッグ氏は一日おきに私を誘いにきてくれ、私は、ポターや、そのほかの湖畔地方に住んだ詩人たちのゆかりの地をめぐり歩いた。「いいお天気」だったのは、最初の一日だけで、あとの日々、私は寒さにふるえた。しかし、まわりのイギリス人たちは、それをさほど、悪いお天気とは思わないらしかった。唯一人、傘をさして、彼女が描いた牧場のあいだのぬかるみの道や街角を歩いたいく日か。そうした時間のあいだに、私は、ポターというひとが、いかに生《なま》やさしい人でないかを、しだいに悟ることができるようになったと思った。お金ができれば、土地を買い、それをいま日本でも問題になっているナショナル・トラストに寄付した。(彼女自身、自然保護、文化財保護の団体ナショナル・トラストの発起人だったのではないか?)ニア・ソーリーに移り、十年ほどして、この地方の弁理士ヒーリス氏と結婚したころには、彼女は、その地方でも有数の羊の品種の改良家であり、牧場経営者になっていた。「もう目がわるくて、まえのような絵はかけません。」と、そのころ、彼女は、ある友人に書いている。彼女は、おのれにきびしい、そしてまた、多様な力の持主だったのだなと、私は、ぬかるみの道を歩きながら、絵本作家であり、農場経営者であったポターのことを考えた。

ビアトリクス・ポターの人と作品

まず初めに、この文は、論文というようなものでないことをお断りしておきたい。この三十年ほど、折りにふれて親しんできた「ピーター・ラビットのおはなし」（The Tale of Peter Rabbit, 1902）を初めとするビアトリクス・ポター（Beatrix Potter 1866-1943）の著作について私が経験したことと、最後にあげる数冊の参考書から得た知識をまぜ合わせた紹介にすぎないことを頭において、読んでいただきたい。

いま、イギリスの児童文学史上に、幼い子どものための古典と数えられているいくつかの絵本がある。たとえば、一八九九年初版のヘレン・バナーマン（Helen Bannerman）の「ちびくろ・さんぼ」（Little Black Sambo）とか、ビアトリクス・ポターの「ピーター・ラビット」や「グロースターの仕立て屋」（The Tailor of Gloucester, 1902）などである。

それまでにも、イギリスに絵本がなかったわけではない。が、多くは、伝承の童謡にさし絵をつけたというようなものであった。ところが、このふたりの女性は、自分でつくった、まったく新しいストーリーに、自筆のさし絵をつけた絵本を創りだしたのである。しかも、ふたりとも、それまでは文筆を業とはしていない、普通の家庭婦人であった。ヘレン・バナーマンは、医師の夫人で、自分の子どものために「ちびくろ・さんぼ」を書いたのであり、ビアトリクス・ポターは、良家の箱入り娘で、孤独を絵や自然観察にまぎらせているうちに、友人の子どものために書いた絵手紙から、「ピーター・ラビット」が生まれたのであった。つまり、ふたりとも、いわば、素人作家でありながら、七十年も生きのこる作品を生みだしてしまったということは、かの女たちの名を知りはじめたころから、いったい、いかなる人物であったのだろうという点で、私にはたいへん興味がふかかった。

さて、ふたりは、前にあげたようなことでは、共通点をもっているが、他の多くの点でちがっていた。バナーマン夫人については、インドで医師をしていた人の夫人という以外、あまり知られている事実がなく、また数冊の絵本のうち、とびぬけてすぐれているのは、「ちびくろ・さんぼ」一冊である。それに比べて、ポターの著作は二十冊余りあるが、そのうち、ごくすぐれているとされているものが、十冊以上に及んでいる。また、バナーマンのさし絵は、稚拙がとりえのようなものであるが、ポターのは、美術的に美しく、しかも、それにつけたかの女のストーリーが、イギリスの作家たちによって、英語の散文として、絵以上に問題にされているのを、私は何度か読んだ。

私が、「ピーター・ラビット」の名声を知り、初めてその小さい（14.5cm×10.8cm）、あわい水彩画の絵本を見たのは、第二次大戦中のことであった。しかし、その時、私は、このいたずらうさぎを主人公にする絵本を美しいとは思ったが、それまでに接した評判ほどの吸引力を感じなかった。

私が、この本を、はっきり考える材料としたのは、一九五五年、ピッツバーグのカーネギー図書館学校の講義を聴講中、ポターの一連の本について、批評を書かされた時であった。何しろ、どの本もおとなの手のひらほどの大きさで、一ページには何語もはいっていない。五、六十ページあったとしても、お話は短く、淡々としている。十二、三人の同級生は、この宿題をむずかしがって、うんうんいっていた。聴講生の私は、それほど点数を気にすることはなかったが、要するに、私には、はっきりそれらの本の妙味——とにかく六、七十年も生きのびている本に妙味のないはずがないのである——を解明できないうちに、宿題の期限はすぎてしまった。

しかし、その学校にいる間、ポターの本の存在はいつも、目の前に迫ってきて、これは容易でない本なのだということを、私に知らせてくれた。というのは、この学校の附属の図書館は、ピッツバーグ市の公共図書館の本部をなしていて、アメリカでも有数のよい活動をしている図書館だったのだが、そこにはりっぱな児童室もあって、私たちは授業がおわると、そこへいって見学したり、手伝ったりしてよいことになっていた。児童室のすみには、幼児のコーナーがあり、ここのテーブルや椅子は、特に小型にできていた。小学校にはいる前の子どもたちは、おとなに手をひかれて児童室にはいってくると、まず書棚からポターの本をとって、その自分たちの椅子に坐ることが多かった。そのころでも、ポターの本は、生まれてからもう五十年以上立っていた。くる年も、くる年も、英語国の幼児たちが、こうしてポターの本を自分たちのものと考えてきた秘密は何だろうか、と私は考えた。

それから、大分の時がたった。もちろん、いつまでたっても、イギリス人でない私に、ポターの文や、イギリスの田園の風物の魅力が、心底からわかる日がくるとはいえないだろう。しかし、私は、ポターの名が何かに出ていると、その前後の文に気をつけて読まずにはいられなくなったし、ポターの作品を子どもの時に読んだイギリスやアメリカのおとなたちが、何げなくもらすことばは耳ざとくききつけることがあり、また自分でも物を書いたりしているうちに、いつのまにか、かの女の絵と文に見られる媚びのなさに驚かされ、切りつめられた語数の小さい物語にもられたドラマの真実さやユーモアなどに、時には、はっとすることもあるようになった。

と同時に、こういう本を生みだしたポターという人物にも、私は、いっそう好奇心をもちはじめた。一九六一年に、ポターのよい伝記であると紹介されて、マーガレット・レイン（Margaret Lane）の“The Tale of Beatrix Potter”を読んだ。これは、一九四六年初版のものであった。私は、これによって、ポターが、かなり富裕な家の子としてロンドンに生まれ、古い形式的な家庭生活の中で孤独に自分を育てていった、なかなかの変わり者であることを知った。

その後、この本の新しい版が出たからといって、六九年のクリスマスに、友人が、またレイン著の伝記を送ってくれた。これは、六八年の改訂版であった。私が驚いたのは、この二つの本が出た年月の間に、ビアトリクス・ポターについて、めずらしい発見がなされたということであった。

いったい、ポターという人は、子どもの読者のほかに、多くのおとなのファンをもっていた人で、私も、一九五四年から五年にかけてのアメリカ留学の折りに教えをうけた、アメリカ児童図書館員の先達、アン・カロル・ムア（Anne Carroll Moore, 1871-1961）女史から、さんざんポターの名を聞かされた。イギリスでは、レスリー・リンダー（Leslie Linder）という中年のエンジニアが、ポターのファン兼研究者の代表とすれば、ムア女史はアメリカの代表者という形だった。私が、度々会う機会があった頃のムア女史は、ちょうど、リンダー氏編纂の「ビアトリクス・ポターの芸術」（The Art of Beatrix Potter）のための序文を執筆中だった。

さて、このリンダー氏が、この本の編纂のため、資料を検討中の一九五二年のある日のこと、かれは、デューク（Duke）という夫妻を訪ねた。デューク夫人というのは、ポターの仲のよかったいとこの娘で、ポターが本を著わしはじめてから、その印税で買った湖畔地方にある農場、ヒル・トップ・ファーム（Hill Top Farm）を遺産として譲られた人であった。この訪問がすんで、駅まで送ってもらっての別れぎわに、デューク夫人はリンダー氏に、最近、キャッスル・ファーム［（Castle Farm）ポターが結婚して、ヒーリス夫人（Mrs. William Heelis）となってから住んだ家。］から、きみょうな暗号で書かれた書類が出てきたという話をした。リンダー氏が、もう少しくわしくそのことを聞こうとした時、汽車がきた。

それから数カ月後、リンダー氏は、ヒル・トップ・ファームに出かけて、その書類を調べさせてもらった。この家は、国の文化財に指定されていて、すでに書類もそこに保管されていた。それは、ポターの書いたものであることは確かと思われたが、ある暗号の文字は、アルファベットに似ていて、また、3の字がひんぱんに出てくるということ以外、リンダー氏には何が書いてあるのか、皆目つかめなかった。しかし、84とか、83とかいう数字は、年号を表わしたものであろうと推測された。

つぎの年、氏はまたヒル・トップ・ファームにゆき、何枚かの書類を家にもち帰る許可をうけ、その後の四年間、余暇の全部をその解読にあてたが、失敗におわった。しかし、リンダー氏のことばをひくと、ついに、

「一九五八年、復活祭のよく日の夕方、私はこう考えたことをおぼえている、うまく解読しようというよりも、ひまつぶしにもう一度、この暗号を前にして考えてみようと。こんな気もちで、私は、でたらめに一枚の紙を選びだし、それから、偶然にも、ページの終わりに近く、ローマ数字のXVIと1793という年号のある行に目をとめた。これがカギになるだろうか？――一七九三年に、十六世にあたる法王か、ルイ十六世に何事かおこっていはしまいか？　年号の辞典にあたってみたが、出てこなかった。そこで、子ども用の百科辞典の索引をみてみると、「ルイ十六世、仏王、一七五四年、ベルサイユに生まれ、一七九三年、パリにおいて断頭台上に処刑さる。」とあった。とうとう、手がかりになるカギは発見されたのだ。」

そのカギは確かなものだった。年号のつぎにきたことばの中には、Xの文字がふくまれていたが、リンダー氏は、これはexecutedであろうと推測した。幸い、その推測はあたっていて、暗号は、それから解けはじめ、その日の真夜中までに、ビアトリクス・ポターが、十三、四才で編みだした暗号は、全部解読された。

さて、今日、「ビアトリクス・ポターの日記」（The Journal of Beatrix Potter, 1966）として刊行されているのは、こうしてリンダー氏が解読した、一八八一年から九一年までのポターの日記であるが、この期間というのは、マーガレット・レインが、最初のポターの伝記を書いた時、生存しているポターの縁者、友人たちから、この時期に、かの女が、何をしていたのか、少しも聞きだすことができず——それほど、ビアトリクス・ポターは、家庭における日陰の存在であった——「この期間、かの女の生活には、何の変化もなかった」といいきってしまった時期であった。こうして、ごく親しい人たちの記憶からも忘れさられてしまった年月の秘密を、かの女は、「わたしのほかに誰も見ない」と確信していた日記に、書きとめていたのである。

といっても、この日記には驚くべき事実が書いてあるわけではない。また、その日その日を追って、刻明に書いたというわけでもなく、いく日かまとめて、思いだして書いたり、祖母の若かったころの思い出話が、ひょこっとはさまっていたり、父が外出中に見てきて、話したことを書きとめてあったりする。——そして、ごくまれに、きみょうなEstherという、ポターの分身のような女性にあてた手紙にもなっている。しかし、やはり、この一見平凡な日記は、かの女がなぜ、「ピーター・ラビット」以下、二十何冊かの絵本を創りだしたかを、ほかのどの記録よりも雄弁に物語っているような気が、私にはするのである。かの女は、自分の内にあるものを、描き、書いて、発散しなければならなかった。ビクトリア時代という、イギリスの歴史にも特異な形式にはまった、とじこめられた家庭生活の中で、かの女がひとりで育ててきたものを、何かの形にして生みださなければならなかった。おさえつけられて、芽のうちに枯れてしまうにしては、かの女の資質はあまりに根づよく、豊かだった。たいへんなはにかみ屋で、それを誰からも隠していたとはいえ、頭の働きは、十三、四才で解読に手こずるほどの暗号を編みだすくらい俊敏であったし、自然に対しても、のちに世間がもう少しかの女に親切であったら、あやうく博物学者にもなりかねなかったほどの観察眼をもっていたし、そしてまた、美に対してはたいへん敏感だった。こうしたことが、少しも飾らない、そして時には——これはイギリス人の特性だと思うが——冷静なユーモアをまじえて、日常茶飯事を列記した日記の中に表われているのである。

日記はかの女が十五才の時からはじまり、三十才の時でおわっている。（かの女が実際に暗号の日記をはじめたのは、十四才の時だろうと、リンダー氏はいっているが）しかし、ここらで、かの女の十五才以前と三十才以後をつけ加えて、その生涯を紹介したほうが、かの女の人と作品を理解していただくためにはよさそうである。

ビアトリクス・ポターは、一八六六年七月二十八日、ロンドンのケンジントン区ボルトン・ガーデンス二番地に生まれた。両親はともにランカシャー州の紡績業で資産をつくった、富裕な家の出で、産業革命後にあらわれた中産階級の上層、働かずにたべている人たちであった。父は体面のため、弁護士という肩書はとっていたが、仕事はしていなかった。ビアトリクスは、最初の子どもであり、五年後に弟のバートラム（Bertram）が生まれた。

その頃のイギリスの中流以上の家庭の例にならって、ビアトリクスも学校にはいっていない。教育は、フランス語や、ドイツ語や、ラテン語や、画の家庭教師に任されていた。かの女の居室は、三階の、窓には格子のはまった子ども部屋。かの女は、家庭教師や召使いと接するほかは、くる日もくる日も、孤独の時が多かった。（三十才前後の一時期、かの女は、キノコやカビの研究に熱中するのだが、その頃でも、まだこの格子のはまった窓の中から、通りを越した向うの古い店を人夫がこわしているのを一日見守り、夕方、人目をしのんで、紙袋と小銭をもって、カビの生えていそうな木のくずを買いにいくことが、日記に書いてある。）父母のところに、かの女が会っていいような親類の客などがくると、下によばれる。

ビアトリクス・ポターの人となりを知ってみれば、すぐ想像がつくことだが、かの女はこの孤独を無為にはすごしてはいなかった。時どき、ひどいリューマチをおこしたりしたが、誰にも妨げられない静かな時間は、さまざまな「仕事」で満たされた。勉強、読むこと、描くこと、ハツカネズミやウサギをならすこと、飛んでくるツバメと友だちになること、シェークスピアの劇の暗誦。暗誦の出来不出来は、自分で採点して記録をつけた。暗号の考案も、もちろん、こうした時に生まれたにちがいない。

しかし、この家族は、一年中、ロンドンにいすわっていたのかというと、そうではなく、家族揃って長期の旅行が、また一家の行事としてきまっていた。たとえば、かの女の日記に出てくる、ある一年の動きをとってみると、冬はロンドン。四月十五日から二十九日までサマセット州のマインヘッド海岸。（復活祭頃、一家総出で南部の海辺にゆき、留守の間に召使いたちが春の大掃除をする習慣であったらしい。）それから、またロンドン。五月二十二日からエディンバラへ。二十六日には湖畔地方のダンケルド。二十七日には、ポター氏がダンケルドの近くの村に年々借りていた別荘、ダルガイズ・ハウス（Dalguise House）にはいる。いつロンドンに帰ったのかははっきりしないが、六月二日から十六日まではオックスフォード。二十五日にはロンドンに帰っている。八月一日から十月二十二日までは、ハートフォードシャーのリー川のほとりのブッシュ・ホール（Bush Hall）という別荘に滞在。十月二十三日ロンドン帰着。十一月十日から十二日にかけて南部海岸のポーツマス。その後はロンドンという工合に、動きまわっていることは驚くばかりである。その度に、ペットの動物たちを入れたバスケットもろとも、家財道具の大荷物と一しょに親たちのあとに従うのが、ビアトリクスのつとめであった。もちろん、こうした旅は用事のためのものではないから、その所々で、一日の遠足に出かけたり、森の散歩をしたり、アマチュア写真家としてかなりの腕前であった父のおともをして、写真をとりにいったりする。

ポター氏は、イギリスの富裕階級の男子の習わしとして、いくつかのクラブに属していたから、かなり著名な人々との交友もあり、当時、名声をはせていた画家のミレー（Sir John Millais）は、氏の親友であった。ミレーのスタジオに肖像を描いてもらうためにくる有名人、たとえば、政治家のグラッドストン（William Ewart Gladstone, 1809-98）のことなどは、度々ビアトリクスの日記に出てくる。この父に伴われていく先は、圧倒的に美術館が多かった。このような時、かの女は、カタログに一つ一つの絵についての批評をメモし、あとで日記にしんらつなことばで書きこんだ。（そして、何年か後に、自分でそれを読み、「なんと子どもらしく大言壮語していること。」などと書き加えている。）

また、かの女のそっけないばかりに淡々とした日記は、私が、ただ連続的な繁栄であったように感じていたヴィクトリア女王治世のおわり頃のロンドンに、日夜、爆破事件がおこったり、ドイツやロシアとの国交の悪化があったり、アメリカにパニックがおこり、ポター氏が持ち株を手放しに株屋の許に走ったりするような、相当動揺した日々だったことを知らせてくれる。

しかし、家族の話題にのぼった戦争もおこらず、資産にもひびは入らず、父母がだんだん年をとってゆき、気むずかしくなり、健康に苦情をいいだし、一時、画家を志した弟のバートラムが、およそ極端にちがう農業の道を選んで湖畔地方にいってしまったという変化を見せただけで、依然として変わらない年中行事を送りながら、ビアトリクスは、三十才を迎える。ここで日記は終わっている。

日記の最後のあたりで、かの女は、キノコの品種の研究に熱をあげている。そして、いままで歩きまわった諸地方で収集したキノコの美しいスケッチを手許に貯えていた。日記の中にも、旧約聖書や、ワーズワスや、シェークスピアなどから得る慰めについて書いたあとで、

「私は、この頃、そういうこととちがった、もう少し高級でないことからも慰めを得るようになった。つまり、お金をもつということ。人間は何とか自分の生活をたてていかなければならない。本を買ったり、いかに孤独であっても自立につながるお金をもつということはいいことである。」

と書いているが、かの女はこれまでにも、自分のつくりだしたもの、考えたことが、どこかで出版されるとかして、収入を得る道はないかと、クリスマス・カードなどを描いてみたり、印刷術を習ったりしたことがあるが、成功しなかった。

キノコのスケッチもかなりの枚数になったいま、それを出版することはできまいかと、かの女は考えた。かの女のこの計画に、家内では誰ひとり本気にとってくれるもののないなかで、唯一のはげまし手は、父の妹の夫、化学者のヘンリ・ロスコー卿(Sir Henry Roscoe)――かの女のいうハリーおじさん――であった。

ハリーおじさんは、かの女が三十才の十二月のある日、かの女をロンドン郊外にある国立植物園キュー・ガーデンへつれていってくれた。かの女は、過去何年かかかって分類し、スケッチした細密な標本図をたずさえていった。この方面のさし絵の仕事

でもありはしまいかと考えたのである。この外出の時も、かの女は、家の者にとめられはしまいかと、八時に家をとびだし、おじの家の前をいったりきたりして、約束の時間を待った。植物園では、園長以下数人のお役人に会うが、結果は失望に終わった。こういうところでは、素人、ことに女性は歓迎されず、園長は、かの女の絵には図解的な正確さがたりないといった。しかも、かの女が、胞子の増殖法について一家言のあることを知り、このお役人はきげんをわるくした。

しかし、それでも思いきれずに、その後も、かの女は、ひとりで何度か植物園に通い、園長の姿が見えると、木かげに隠れたりしながら、唯ひとり、かの女に理解らしいものを示した下級の職員を相手に、キノコの増殖に関する理論を披瀝したが、すべては、かの女のことばでいえば、“a storm in a tea-kettle”だった。その後、かの女は、おじにはげまされて、この理論を論文に書き、それは、ロンドンのリンネ協会の会合で朗読された。とはいっても、女は当時、そうした会に出席を許されなかったから、代人が読んだのである。

けれども、ここからも、べつに何事も生まれず、かの女は、数年間、心を傾けつくしたキノコ類と別れをつげて、童謡にさし絵をつけたりして自分を慰めた。いわば、なぐさみであったこの仕事を認めてくれたのは、弟のバートラムと、まだ少女の頃、夏の避暑のさいに親しくなり、それ以来、このはにかみやの女性の心の支えになってくれていた牧師のローンズリ（H.D. Raunsley）師だった。この牧師さんは、たいへんな変わり者で、湖畔地方の自然を守るということについては、ダイナモのような働きを見せ、古い橋をこわし、山をくずすような手合いには、猛烈な戦いを挑み、かれの力づよいくつ音が聞こえると、村や町の委員会の人々は、おぞけをふるったといわれている人物であった。（今日、イギリスの湖畔地方の風物が、破壊されずに残されているのは、この人に負うところが多く、ビアトリクス・ポターもこの人の衣鉢をついで、晩年、イングランド東北部の自然を守る運動を強力におし進め、多くの遺産をこのことのために残した。）

ビアトリクス・ポターが、かの女の名前をイギリスの児童文学史にとどめることになった、記念すべき作品、「ピーター・ラビットのおはなし」の出版について、まず、相談したのは、この人だった。

かの女は、前々から、たくさんの絵手紙を、友人の子どもたちに出していた。「ピーター・ラビット」のもとになったのは、もとの家庭教師のムア（Annie Moore）夫人の子どものノーエル（Noël）が病気をした時、見舞にだした手紙だった。

それは、一八九三年（かの女は、この時、十七才）、九月四日のことで、その手紙は、

「ノエルさん

私は、何を書いたらいいかわからないので、四ひきの子ウサギの話を書きます。子ウサギの名まえは、フロプシに、モプシに、カトンテールに、ピーターといいました。四ひきは、おかあさんといっしょに、大きなモミの木の根もとのあなにすんでいました。」

とはじまっている。

また、かの女は、べつの時、べつの子どもに、

「エリックちゃん

むかし、あるところに、ジェレミー・フィッシャーというカエルがすんでいました。」

と書いている。

このような手紙は、子どもたちからたいへん喜ばれたと見え、どこの家でもすてないで、たいせつにとっておかれた。ポターは、その中の「ピーター・ラビット」を思いだし、それを借りうけて、絵を忠実に写し、また新しい絵もつけ加え、絵と対照するページに一つか二つのセンテンスを書き、ローンズリ師の忠告にしたがって、子どもの本を多く出版しているフレデリック・ウォーン社に送った。

が、すぐそれは、ていねいなことわり状とともに送り返された。かの女は、またつぎつぎにべつの出版社をこころみたが、「かれ（ピーター）は、少くとも六けんの出

版社から送り返された。」残る道は一つ。自分の貯金を郵便局からおろして、自費出版することであった。費用は全部で十一ポンドかかった。

本のサイズは、かの女が幼児に最も適すると考えた、たて五インチ、巾四インチの大きさだった。さし絵は、ノエルに出した手紙のように黒白で、扉絵だけが、あわい色刷りであった。一九〇一年十二月に、この本はできあがり、第一版は二百五十部という少ない数であった。かの女は、一部一シリング二ペンスの値段で、友人や親類の者に買ってもらい、十二ポンドの利益をあげた。そして、買い手が喜んでくれるのに力を得て、もう一度、この本をウォーン社に送ってみた。その間も、新しい買い手はつぎつぎにあらわれて、かの女は、第二版として二百部を増刷した。もっとも、この第二刷が出る前に、すでにウォーン社からは、かの女が絵に色をつけるならば、この本の出版をひきうけようという申し出がきていたので、自費出版の増刷は、ほんのまにあわせであった。

こうして、「ピーター・ラビット」は世に出ることになった。父母もはじめて、いままで何となく一人前でないように思っていた娘の仕事に興味を示し、父は印税の額のとりきめなどに口をはさんだ。

しかし、その時もまだ、三階の格子のはまった窓のある子ども部屋に住んでいたビアトリクスは、その住みなれた部屋で、自分の全力をうちこめる仕事にとりかかっていた。さし絵はすべて、念を入れて新しく描きなおさなければならなかった。長年愛育してきた、ほんとのウサギのピーターは先年死んでいたが、ウサギを描くことは、それほどむずかしくなかった。しかし、人物はかの女には苦手だった。かの女は、弟の農場に出かけ、農夫たちをスケッチし、弟の意見を求めた。

「弟は、私の人物に対してたいへん皮肉なことをいいます。かれがマクレガーさん(この絵本に出てくる人物)の鼻に見えるといったのは、鼻ではなくて、耳なのです。人物はだめです。」と、かの女は、悲鳴に似た——そのくせ、かの女の日記にも、しばしば出てくるような、ひとの意表をつくユーモラスな——ことばをウォーン社に書き送っている。

しかし、自分の中にこもりがちでありながら、けっしてセンチメンタルにならずに、まわりの人々や自然を冷静に観察し、キノコや動物などについては、あらゆる形でそれを写生することが喜びであり、またくり返しくり返し、聖書とシェークスピアを読むことで、ことばの感覚をみがいてきたかの女にとって、いまこそ、自分の中に貯えてきたものが、流れだすチャンスであった。

ウォーン社のための「ピーター・ラビットのおはなし」の原稿が完成して、かの女の手を離れるまえに、もう二冊めの「グロースターの仕立て屋」が書きはじめられていた。この間も、ポター家の年中行事は、相変らず忠実にとりおこなわれ、かの女は、その旅の先々で、つぎつぎに書きつづけた。

かの女の絵本をひきうけたウォーン社では、最初の本の成功から、かの女をだいじな著者としてとり扱い、かの女の係をつとめるようになったのは、ウォーン家の末息子、かの女とは同年輩のノーマン（Norman Warne）だった。ノーマンは、かの女とよく似たはにかみやで、まだ独身。休日には地下室の工作室で姪たちのために人形の家をつくるというような人物だった。出版についての事務や新しいストーリーの検討のため、度々ウォーン家を訪れるうち、かの女は生まれてはじめて、かたくなに古い格式を守るポター家とは全然ちがった、あたたかい自由な雰囲気で生活している一家を知った。

こうして、ノーマンとビアトリクスの間に、かの女がいままで知らなかった意志の疎通が生まれたことは、自然のなりゆきと思われるのだが、かの女の父母たちは、これを危険と感じた。「商人」は、ポター家と縁組するには不似合いなのであった。かれらは、ビアトリクスがウォーン家を訪問することに苦情をいいはじめた。しかし、もうこの時、ノーマンもビアトリクスも、四十才近くなっているのであった。ポター家の親孝行娘は、沈黙のうちに、親の意志にさからった。

一九〇五年は、ビアトリクスにとって、大きなできごとのあった年だった。この年の夏、ノーマンはかの女に結婚を申しこみ、かの女は親にも、親類にもだまって、かれからの婚約指環をうけとり、これを左指にはめた。精神的自立の旗じるしだった。ところが、それから、間もなく、ノーマンは、突然、白血病でたおれ、急逝した。かの女が自分の悲しみを訴えることのできる者は、家の中にはひとりもなかった。ただたいへん親しくなっていたノーマンの妹のミリーへの手紙にだけ、ノーマンの死後も「あなたの愛する姉のビアトリクス」と書きつづけた。

その春、かの女は、もう一つの大きな独立の旗じるしを掲げたのだが、それは、幼い時から親しんできた湖畔地方のソーリー村に、自分の金で小さな農場、ヒル・トップ・ファームを買ったことだった。とはいっても、ヴィクトリア時代の子であるかの女は、これで親と別れたわけではなく、監理人の家族をそこにおき、自分は、父母の年中行事のおともをしながら、その間、二日、三日のチャンスを見つけてはどんな天候の時でも、ヒル・トップ・ファームにかけつけて、農場の経営にあたるというような生活を、その後八年つづけたのであった。

ヒル・トップ・ファームに附属した家は、まったくかの女の夢を実現したような古風な造りで、壁の厚さは四フィートもあり、縦横にネズミの穴が走っていた。この家を手に入れてからの二、三年、かの女は、家の改造に熱中した。その家の炉端、煙突、ネズミとの格闘、まわりの景色、こうしたものは、ノーマンを失った悲しみのため、いっそう美しく、たのしく、かの女をひきつけたのだろうか、"Tom Kitten" "Jemima

Puddle-Duck" "The Roly-Poly Pudding" などをふくむかの女の作品中の傑作は、殆んど、この八年のうちに生まれた。かの女の伝記者、マーガレット・レインは、もしポターが詩人であったら、この期間は、かの女の叙情詩時代だったと書いている。

また本ばかりでなく、農場経営の面でも、かの女の夢は実現され、かの女の指図のもとで飼育する、この地方特有の Herdwick 種の羊の数はいよいよふえ、利益はあがり、一九〇九年には、すぐ近くの農場、キャッスル・ファームが買い足され、なお数年たつうち、村の半分は、かの女の所有になっていた。

一九〇九年は、かの女の上に、また大きな変化のおこった年である。これまでの農場売買の時、いつもよい助言をあたえてくれて、親しくなっていた村の事務弁護士、ウィリアム・ヒーリス（William Heelis）という人が、かの女に求婚したのである。この時、かの女は四十七才だった。父母の反対は、話さないうちからわかっていたので、かの女は重い気もちでロンドンに帰ったが、偶然、ロンドンに出てきていた弟のバートラムは、姉の結婚に賛成し、自分も何年か前に、父母にだまって農家の娘と結婚していたことを話して、皆を驚かした。

しかし、ビアトリクスが、とうとう、父母と生活を別つ決心をするまでには、それから四年の歳月が必要だったので、かの女が婚約したのは、一九一三年の夏、結婚したのが、十月で、新しい夫婦はキャッスル・ファームに居をさだめた。

そのよく年は、第一次大戦ぼっ発の年である。いまはヒーリス夫人となったビアトリクスは――かの女は、結婚以来、偏屈なまでにビアトリクス・ポターとよばれることをきらった――いまだに度々ロンドンによびつけられ、父母の娘となる合間に、人手不足、物資不足の折から、粗衣をまとい、土にまみれて働き、近在でも有名な農場経営者、羊の品種改良家になりきっていた。

私たちの問題になるのは、かの女が農業に身を入れ、また、ローンズリ師がかの女の中に種をまいていった湖畔地方の自然風物保護運動への熱がいよいよさかんに燃えさかるにつれ、創作活動の泉は、急速に枯れていったことである。

「からだを使うようになってから、目をわるくして、絵がかけなくなりました。」と、かの女は、晩年、友人への手紙に書いている。ロンドンの富裕な家庭に育った病弱な娘は、豪毅な精神をもった農婦に変身していたのである。かの女の本は、早くからアメリカに渡り、公共図書館の発達しているアメリカでは、おそらくイギリスよりも多くの子どもとおとなの愛読者を獲得していた。前記したアン・カロル・ムアは、そのひとりである。こうした人たちの要請を拒みきれないで、かの女は、結婚して、ほんとうに農場経営にうちこみだしてからも、いくつかの本をだしてはいる。しかし、それらは、とうていかの女がそのまえに出したものには及ばない。かの女が内に持っていた、多方面の資質のうち、子どもの絵本になり得るものの活動期は、他のものに席をゆずってしまっていたのだ。

何は、ともあれ、私がありがたく思うのは、かの女が、あの数々の傑作を生みだし得る時代に、生みだし得る機会をもつことができたということ。そして、この頃、時おり、かの女の本をとりだしてみて、時たま、自分がそのよさにはっとするようになっていることについて、いつも感謝したい気もちになるのである。

Beatrix Potter 著書目録（出版社の書いてないものは、ロンドンのフレデリック・ウォーン社）
The Tale of Peter Rabbit（自費出版）1901／The Tale of Peter Rabbit 1902／The Tailor of Gloucester（自費出版）1902／The Tale of Squirrel Nutkin 1903／The Tailor of Gloucester 1903／The Tale of Benjamin Bunny 1904／The Tale of Two Bad Mice 1904／The Tale of Mrs. Tiggy Winkle 1905／The Pie and the Patty-pan 1905／The Tale of Mr.Jeremy Fisher 1906／The Story of a Fierce Bad Mice 1906／The Story of Miss Moppet 1906／The Tale of Tom Kitten 1907／The Tale of Jemima Puddle-Duck 1908／The Roly Poly Pudding 1908（この時は、すこし大型で出て、一九二六年に小型となり、"The Tale of Samuel Whiskers" と改題する）／The Tale of the Flopsy Bunnies 1909／Ginger and Pickles 1909／The Tale of Mrs. Tittlemouse 1910／Peter Rabbit Painting Book 1911／The Tale of Jimmy Tiptoes 1911／The Tale of Mr.Tod 1912／The Tale of Pigling Bland 1913／Tom Kitten's Painting Book 1917／Appley Dappley's Nursery Rhymes 1917／The Tale of Johnny Town-mouse 1918／Cecily Parseley's Nursery Rhymes 1922／Jemima Puddle-Duck's Painting Book 1925／Peter Rabbit's Almanac for 1929 1929／Fairy Caravan（自費出版）1929／Fairy Caravan（David Mckay N.Y.）1929（イギリスでの初版は一九五二年）／The Tale of Little Pig Robinson（David Mckay）1930（イギリスでも同年に Warne 社から）／Sister Anne（David Mckay）1932／Wag-by-Wall（限定版）1944／Wag-by-Wall（Horn Book, Boston）1944／The Tale of the Faithful Dove（限定版）1955／The Tale of the Faithful Dove（Warne N.Y.）1956

参考書　Lane, Margaret, The Tale of Beatrix Potter; a Biography. Warne, 1946.（Revised ed.,1968）.／The Art of Beatrix Potter. Warne, 1955.／The Journal of Beatrix Potter. Warne, 1966.／Beatrix Potter; Letters to Children. Harvard College Library, 1966.

みどりのサセックス

一九七一年初夏のイギリスの旅ほど、ほんとうに「旅」として凝縮されて私の心に残された旅行はない。一年半ほどたったいまでも、その一カ月余の日々が、一から一〇までおいしかった御馳走のように私の心によみがえってくる。

日記も書かなかった上、私は年号などおぼえる力はゼロである。それが、よくそんなにおぼえていると、ひとにも驚かれ、自分も驚くのだが、それには、いくつかの理由があるかもしれない。私は、あのとき、何年来、私の神経を痛めつけられるだけ痛めつけていたある事情から、モチにひっかかった小鳥が、はねを一本、二本とられても、必死の思いでとびたつように、イギリスへとんでいった。そこでなすべき仕事は、イギリスの二、三の場所をぶらつくことであった。

私は、エリナー・ファージョンという作家の『リンゴ畑のマーティン・ピピン』を訳していたのだが、それを気がすむようにやりとげるには、イギリスの南端、サセックス州をぶらつく必要があった。けっして、のみとり眼で見て歩いてはいけない。私は、その土地の雰囲気をうけとめてこなければならないのだった。だれに報告することもなく、だれにも負い目をおってもいなかった。私が、あの旅をあんなに心にしまいこみ、まるまる、持って帰れたのかもしれない。

五月一〇日の午前、スモッグにおおわれた東京をとびたって、同日午後、ロンドンに着いてみると、まさにロンドンは「花の都」に思われた。市の西部にアパートを借りておられた、慶応の渡辺茂男先生のところに泊めていただいたのだが、ここらは、つつましい中流の住宅地で、みどりの生け垣の中のせまい前庭には、ライラック、モック・オレンジ、シャクナゲ、アイリスなどが咲きみだれていた。

裏の洗たく物などをほす芝生には、ちりばめられたようにヒナギクが咲いていた。イギリスの文学に、しょっちゅうヒナギクのようなひなびた花が出てきて、「星のように」などと形容されるわけがよくわかった。日本の花壇用のとちがって、小さく、日に映えると、じつに美しい。

かんじんのサセックス州へは、鉄道がスト騒ぎで不安定であったため、まえからいっしょにゆくことを約束していたイギリスの友人が、レスター・シャーから車で出てきて、つれていってくれた。そのひとが、ファージョンの生前の親友であったこと、また、ファージョンのところへ私をつれていってくれたのも、このひとであったことは、私の今度の旅行にとって大きなしあわせだった。

このひとが、車を運転しながら、「さあ、サセックスへはいった」といえば、それが私たちにとってどんなことを意味するか、説明なしに私たちにはわかるのであった。私たちは、「ファージョンの国」にはいったのである。

『マーティン・ピピン』の物語は、サセックスの地名をもとにしている。いくつかの短編がつながって、長い物語を構成しているのだが、一つ一つの話は、場所もちがえば、雰囲気も全然ちがう。そして、作者は、地名は使いながら、サセックスがいつも侵略者の入り口になり、また外国からの密輸のかっこうの場所になったというような歴史上の事実には、いっさいかかわりをつけていない。彼女の物語は、サセックス特有のドーム型の丘、みどりのDowns（土地の方言で丘のこと）、そのあいだをくねる道、谷間の小さな村などからうけた印象を形に変えたものなのであった。

私の友人は、私の書きだした地名をできるだけたどって、四日ほどを私とともにしてくれた。そのあと、私は、バスであぶなっかしいひとり歩きをした。ある丘の頂上は、私が想像してきたように、みどりの下界を見おろす天上世界のようであり、山の中のある村は、私が想像してきたように、一種ぶきみな雰囲気をたたえていた。あるところでは、こんなせまい道では、たしかに六〇年まえ、ファージョンが徒歩旅行したとき踏んだ土を、私も踏んだにちがいないなどと思ったりした。

私が通ったところでは、サセックスは、どこもみどり。それと、かちっとした古い

『リンゴ畑のマーティン・ピピン』に出てくるチャンクトンベリの木の輪

町や村。丘から下界を眺めて、いったい、どうしたら地上をこんなにみどりにしておけるのだろう、あの森は、だれが、または、どこが持っているのだろうと、日本を思いうかべながら、ふしぎに思ったこともあった。

オーデンセゆき

去年の秋から冬へかけての外国旅行の旅程に、デンマークをいれたのは、あの小さい国―したがって人口の少ない国で、子どもの本の出版がどんなふうになりたっているか、を知りたかったからでもあるが、もう一つの理由は、たしかにアンデルセンの生まれた国を見たいからでもあった。

十一月二十五日から三十日まで滞在五日間、というと、ずいぶんいろんなことができそうに思えるが、案外ジェット機の旅というものは、最初と最後の日二日は、飛行場への往復に時間がとられて、何もゆっくりできないものである。

そこで、中三日で用をたさなければならない。この旅行では、ずっとお天気に恵まれ通しだったのに、デンマークでは曇りと雨だった。二十七日をコペンハーゲン図書館訪問に使い、二十八日はある出版社の人に、あちこちつれていってもらった。

さて、三日め、朝おきてホテルの窓から外をのぞくと、空は灰色で、舗道は冷たくぬれている。日本からもってきた折りだたみのかさを、スーツケースから出す。

ついてすぐ、ホテルでたしかめたところによると、アンデルセンの生まれ故郷オーデンセにゆくには、朝七時何分かの汽車にのってゆくと、夜までにコペンハーゲンに帰ってこられるという。図書館の人は、そんなに早くいく必要はない、九時二十何分で十分だという。

雨降りの寒い日、七時の汽車はつらかったので、九時にホテルを出て、十分ほどの距離にある、黒いすすけた駅に歩いてゆく。

すると、私ののるべき汽車はパリゆきの指定席ばかりの列車で、もうあいた席があるかどうかわからないから、プラットフォームにおりていって、車掌に聞いてごらんなさい、と、切符売りの女の子がいう。日本にくらべて、気がらくなのは、切符売り場も混んでいなければ、プラットフォームも閑散で、のん気なことである。（もっとも、旅行シーズンの夏はべつだろうけど）

プラットフォームでは、紙きれを手にした中年の駅員が、この列車の四十七号の席にのれと教えてくれた。私は、すましてその席におさまって——それは、通路が車のはしをずっと長く通っていて、それと直角に八人かけられる、いくつもの小部屋に仕切られている式の汽車だったが——小部屋をひとりで占領し、やがて、動きだした車の窓から、ぬれた田園風景をながめていた。オーデンセというところがどんなところであれ、この寒々とした冬枯れの日に訪れるのは、けっして不適当ではないように思われた。

しばらくすると、胸から小さいカバンをさげた若い男――これが車掌だったらしい――がやってきて、切符を拝見という。私が、切符をもっていないから、ここで買うのだと話すと、その青年は、ちょっとみょうな顔をしたが、すぐ新しい切符をつくってくれた。

そして、行って十分もすると、またもどってきて、あなたが切符をもっていなかったのは、どうしたわけかと聞く。私は、駅で切符売りにいわれたこと、またコペンハーゲンのプラットフォームに立っていた駅員のいったことを説明したが、私のしたことは規則違反だったのかも知れない。

しかし、この若い車掌は、この事件のせいで、汽車が、コルセーアについて、そこに待っていた汽船の胴体にのみこまれた時も、私のところへやってきて、外に出て、船室から海を見たらといってくれたし、また、ニーボルグについて、乗客が汽車にもどる時もそれとなく私を見守ってくれたようだった。

オーデンセは、コペンハーゲンがあるのとはべつの島にある。だから、汽車は、この二つの島のあいだで渡し船にのるのである。

オーデンセについたのは昼近かった。もっといなか町かと思ったら、駅もガランと大きく、駅の前の公園には、しだれた大木が美しく、その向こうの古風な、むかしの邸宅だったらしい建物も美しかった。

駅の「インフォーメーション」で地図をもらい、それをたよりに、何ということもない店のならんでいる通りをまがりながら十分ほどゆくと、突然、アンデルセンのにおいのある横丁に出た。でこぼこした玉石の敷かれた道、前には馬屋でもあったのかと思えるような建物、窓にはレースのカーテンがかかっていて、そのおくの暗く見える部屋には、ささやかな植物の鉢がおいてある低い家々。

その通りの角にアンデルセンが生まれたと伝えられる家があった。その家の外観は、もちろん修繕はされているが、もとのままに残され、となりに建てられた建物といっしょに、「アンデルセンの家」となっている。

中には、アンデルセンの遺品、親交のあった人たちの写真など、こまごまとならべてある。そして、そのような遺品、肖像の下には、かれの自伝からのことばが、二、三行ずつつけてある。

「人生こそは、もっともすばらしいフェアリー・テールである」

などなど。

否、否、と、私の心は、それらの遺品を見ながら、さけんでいた。それは、かれが老いて、心のやわらいでからの感慨である。かれが失恋した女性の写真を見、かれが踏んだかもしれない玉石をふみながら、私は、心臓から血をしたたらせながら歩きまわった、みにくいアヒルの子、アンデルセンのすがたが見えるような気がしてならなかった。

美しい秋の一日

去年の秋、アメリカのニューイングランドの諸州が、あざやかな紅葉におおわれていたとき、私は、年とった友人、M夫人の病気見舞のためマサチューセッツ州のアシュバーナムというい なか町に行き、半月ほど泊っていた。

ニューイングランドの紅葉と、日本の紅葉とどちらが美しいと、よく聞かれるが、ニューイングランドのは、日本のように小規模のものではない。日本の紅葉には、たしかに、「だんだら模様、すそ模様」的な繊細でこまやかな美しさがある。しかし、アメリカ北部のは、森が火事になったようにもえてしまう。

去年は、夏に雨が多かったとかで、私は、季節からいうと、もう紅葉はおわってしまっているとあきらめて行ったのに、その盛りに行きあって、ドライブのたびに、「わっ！　わっ！」と声をあげずにいられなかった。

会いに行ったM夫人とつもる話をして、いく日かたつと、M夫人が、「まだこの近くでだれか会いたい人がいるか」と聞いてくれた。「バージニア・リー・バートンに会いたいけれど、マサチューセッツ州のどのへんに住んでいるのでしょう?」と、私はきいた。

「ああ、グロースターの近くのフォリー・コーブだ。いま、家にいるかどうか、きいてあげよう」と言って、M夫人は、すぐバートンに手紙を書いてくれた。この人は、子どもの本に関する評論をのせる雑誌を経営しているので、バートンを知っていたのだった。

私は、地図を持ちだしてきてしらべた。いくらマサチューセッツ州が小さいといっても、一つの州とあれば、ずいぶん大きい。アシュバーナムは、州の中ほどの森に隠れているようないなか町であり、グロースターは、大西洋岸の町である。州のまん中から端までつっきってのドライブでは、ずいぶん時間がかかるだろう。それとも、マサチューセッツあたりでは、あまり発達していない汽車を利用するとすれば、まわりまわって泊りがけになるのか。

しかし、私がそんなことを考えている間に、M夫人のほうではもうちゃんとその方法を考え、おなじ町に住む甥《おい》の夫人に電話して、一日の奉仕を申しこんでくれてあった。

M夫人のつくったスケジュールによると、朝九時、甥の夫人、メアリの車でアシュバーナムをたつ。十二時すぎには、ロックフォードという漁師町につき、×××という小さいが由緒あるレストランで食事をし、○○○という魚屋によって晩食のためにエビを買う。また、この町には、□□□という代々続いているキャンディ屋があるから、手製のチョコレートを買いたかったら、買う。

そして、一時半、ロックフォード出発、グロースターを通って、フォリー・コーブに向う。フォリー・コーブの部落にはいると、バージニア・リー・バートンが指導している工芸家たちが、共同してだしている店があるから、そこから、デメトリオス夫人（バートンは、彫刻家デメトリオス氏の夫人である）に電話をかけ、もうすぐつくことを知らせる。

いつものことだが、M夫人のアメリカ人らしい、こうしたきちんとしたプランのたてかたに、おどろくと同時に、きゅうくつなような、また、おかしいような気さえしてくるのだった。しかし、このスケジュールのおかげで、私たちは、バートンから、「いく日にお待ちします」という返事がきたときおちついてさっと出かけることができたのである。

ほこりのたたない、紅葉につつまれたいなかの町や村をぬって、乗り通した一日のドライブは、その日会ったバートンの印象とはなれがたく、私の心に焼きついてしまった。昼ちかくに海辺に出、夏は避暑地だが、いまは町の人たちと、紅葉を見にドライブしている少数の人たちだけが見えるロックフォードで、私たちは食事をし、エビと、チョコレートを買った。

キャンディ屋は薬屋をかね、男が三人、ひとりは老人で、ひとりは中年、ひとりは若かったが、同じようなカギ鼻で祖父と父親と孫とわかるのが、白衣を着て、客を応待していた。その家の娘らしい若い女もりりしいエプロン姿で、何だか、開拓時代の映画のひとこまを見るような気がした。

ロックフォードを出て海岸を右に見て走ると、グロースターはすぐだった。これも村か町かわからないくらい静かな町で、そこを通りすぎ、町はずれに出ると、道の左側、木々の間に、ぽつんと一軒、一部屋の小学校という感じの工芸店が建っていた。アメリカのいなかには、自動車の旅行者が多いから、さびしい、思いがけないところに骨董屋やしゃれた工芸店がある。ここも、バートンの指導しているグロースター付近に住む人たちが、手染めにしたきれ地やテーブルかけも売っているところだった。

私たちは、ここで、また予定どおりにバートンの家に電話をかけ、私のつれは店番をしていた工芸家のひとりと、しばらく世間話をした。このグループは、かわり番にきて店番をするらしい。私は、バートンの絵本の見かえしに出てくる、丸みのあるデザインが、さまざまの色でたくさんのきれに押されているのを見て、何となく胸がドキドキしてきた。

それから五分ほど後、私たちは、通りから左に曲がりこみ、デメトリオス家の門をはいっていた。まわりを、日本の築山くらいの高さの丘がかこんでいて、バートンのスタジオは、小さな盆地のようなところに、建っていた。

家のなかからがっちりふとった、色のあさぐろい、ひっつめ髪の中年の女の人が出てきて、私たちを迎えてくれた。それが、バージニア・リー・バートンだった。

かの女にはかざりけや、しなしなしたところは、ひとつもない。かの女は、自分をたずねて来てくれた日本人は、あなたでふたりめだと言った。日本の子どもが、自分の本を好いてくれるのは、うれしいと言いながら、私たちを、かの女のスタジオへつれていった。

それは、農家を改造した大きなさっぱりした建物で、あちこちにかの女の彫ったリリーフの彫刻がおいてある。布を染めるときに使う押し型は、入口の一ばん近くにおいてあるし、絵本の絵をかくときの机は、一ばんおくの窓の下、通りを越して、そのむこうの丘――この丘のすぐ後は海――を見はらすところにあった。

私の興味をひいたのは、その机の上にならんでいたいくつかの絵だった。かの女は、その三つほどをとって、私に見せてくれた。図柄は、どれもおなじで、丘の上から太陽が出ようとしているところ。どれも、つぎに出る絵本「生命の話」のタイトルページなのだが、一つは、太陽が大きすぎ、一つは小さすぎ、これで何度かかきなおしているのだと、かの女は言った。

それから、かの女は、わきにたたんであった「生命の話」の絵を全部、つぎつぎに見せながら、説明してくれたが、それは、アメーバから現在の人間にいたるまでの生命の躍動を、わかりよく絵にあらわそうとしたものだった。自分は、この絵本に六年かかってしまったと、かの女は笑って言った。

かの女の勉強机の前の窓の下には、かの女がこの絵本に登場させるために、その動きを観察したヒツジが何匹か、草を食べていた。それは素朴な美しいながめで、ここで絵をかいていると、人間はだいじにしあわなくてはならないのだということが、いよいよ強く感じられて、その気もちをいっしょうけんめい絵にもろうとしたと、かの女は言った。

バージニア・リー・バートンは、誇張もなく、むしろ、そっけなくほうりだすようなようすで語る。しかし、自分の仕事に全身的にぶつかってゆく人だということが、そのために、かえってよくわかるようなところがあった。一冊の絵本に、それほどの年月をかけながら、アメリカの絵本のねだんの高さは「むちゃくちゃだ」とおこるような調子で言っていた。これでは、一般の人が買えないではないかというのだ。

あなたの前に日本からきた人がおいていってくれた本だと、出してくれたのは、岩波版の「ちいさいおうち」で、その表紙の裏には、椋鳩十氏の署名があった。ニューイングランドの、紅葉にかこまれた静かなスタジオのすみで、ふいに自分の訳した本が目のまえにとびだしてきたのは、ふしぎな感じのするできごとだった。

一時間ほど夢中で立ち話して気づくと、もう帰らなければならない時間だった。私たちは、夕食のための生のエビをもっていたのである。

あわただしく別れをつげて、のりこんだ自動車の窓から見ると、ヒツジのいる草原にある小さなリンゴの木にのぼって、ニコニコおだやかに私たちのほうを見て笑っている初老の男の人がいた。

「あの人、きっと、御主人のデメトリオスさんだわ。」と、つれのメアリは、言った。

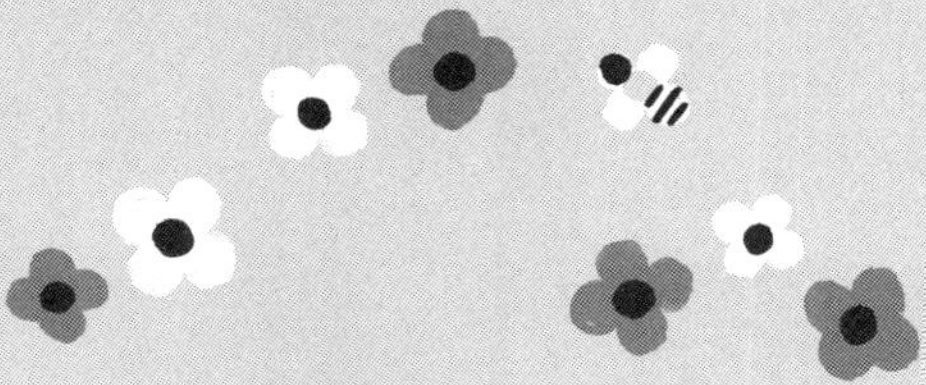

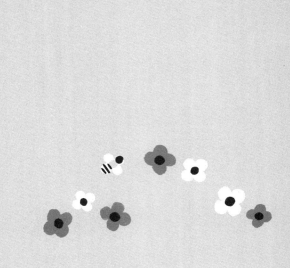

井伏さんとドリトル先生

私の書斎（というのも、少し大げさすぎるのだが）の本棚の一隅に、私が物を書きかけたころの、思い出は深いが、ほかの人には価値のない本を積み重ねておく場所がある。

その中に、幅十三センチ、縦二十センチ弱、厚さ一センチほどの、まことにスレンダーで可憐な、赤い表紙の、特別な本が一冊、はさまっている。ほかの本は日に焼け、よごれているが、この本だけは表紙の色が褪せないように紙で包み、ビニールの袋に入れてある。私は、時どき、この本を出しては眺めるのだが、その度に、もしこの本が井伏さんのお宅に残っていれば、別の話だけれど、もしそうでなければ、この本は日本にこれ一冊ということになるかもしれない。そうなると、もっとだいじに補強して蔵《しま》っておかなければと考えつつ、何となく忙しさにまぎれて、またビニールの袋に入れて、元にもどしてしまっているのである。

奥付を見れば、すぐわかることだけれど、この本こそは、昭和十六年一月二十四日発行の井伏鱒二訳、『ドリトル先生「アフリカ行き」』の初版本（白林少年館出版部版）なのである。この奥付のいく行もない活字にざっと視線を移していくだけでも、私の胸には、さまざまな思いがこみあげてくる。

まず昭和十六年といえば、この年の十二月八日には日米戦争がはじまっている。井伏さんはじめ、日本語訳『ドリトル先生「アフリカ行き」』の誕生に関わった人たちのまわりには、この年の前後何年か、どうして生きていこうかという点で暗い雲がかかっていたはずである。

私は、その年の二、三年前に出版社勤めをやめ、二年前に母を亡くし、生まれた町に住む理由をなくして、井伏さんのお家のかなり近くの、杉並区荻窪へ引っこしてきていた。私が一ばん度々、井伏さんをふらりとお訪ねしたのは、そのころのことではなかったろうか。

そもそも井伏さんを、井伏さんと親しげにお呼びしてお付合いしていたのは、私の前に勤めていた出版社が文藝春秋社で、井伏さんはそのころ、ほとんど毎日のように編集者の永井龍男さんに会いに文藝春秋に来ていらしっていて、私は永井さんの下で働いていたからである。

井伏さんと私は、長い年月を経た今から思い出して見ると、そのころ、どんな話をしたのか、話題の一つ一つを思いだすことはできないのだが、ほかにお客のいないと

『ドリトル先生「アフリカ行き」』（ヒュー・ロフティング作、井伏鱒二訳）1941年、石井桃子が友人と始めた出版社、白林少年館より刊行

きの話は、日本の古代のことにわたったり（井伏さんは私に、学校で教えるのとはちがった歴史の本を貸してくださった）、雑談的に時勢の話をしたりしたような気がする。

しかし、あるとき、井伏さんが、次のようなことをおっしゃったときのことは、はっきりおぼえている。

「太宰はね、こう思うことが書けなくなったら、思う存分のことを書いて、壺に入れて、地面に埋めとくっていってるんですがね。」

そのときの井伏さんの語気を、どきっとするような思いで聞いたので、この言葉だけは、ひとつづりになって私の心に残った。それは同時に、そっくり、井伏さんのお気持ではないのかと思って、私は聞いたのである。

私は私で、よく子どもの本の話を井伏さんにした。私は、文藝春秋に勤めているころから、ある偶然の機会で、英米の子どもの文学に関心をもつようになり、アメリカの友人たちにも、大人、子どもという区別なく、広く両方に読者を持つ本を紹介してくれないかと頼んだりしていた。こうして送ってもらった本の中に、「ドゥーリトル先生物語」のシリーズがあった。こうして、日・英・米の国の関係は、昭和十六年に近づくにつれて険悪の度を増しながらつづいたのだったが、異国人同士、個人的に、かなり親しい友だち付合いをすることができていたのだなと、いまから考えるとふしぎな気持がする。後の井伏鱒二訳「ドリトル先生」が出るためには、その原本は、日米戦争勃発よりも、三年は前に私の手に届いていなければならなかったのだから、その意味では、アメリカの友人の友情をありがたく思いだすのである。

さて、私は、こうして友だちから送られた「ドゥーリトル先生のお話」をたいへんおもしろく思い、次に井伏さんをお訪ねすると、早速その粗筋《あらすじ》をお話しした。

井伏さんは、目をパチパチさせながら、その話を聞き終え、「いい話ですね。いい話ですね。日本の子どもの話って、糞リアリズムで厭味だ。こういうふうにいかないんだなあ。」とおっしゃった。

さてまた一方、私は、こうして井伏さんのところに押しかけて勝手に子どもの本の話をお聞かせしたりしている間に、二、三の女の友だちと語らって、小さい、子どものための図書室を設けようとしていた。それは、ある友人の厚意で一つの事務所を信濃町近くに無料で借りることができたため、そこを子どもの図書室にし、併せて子どもの本の出版をしようということだった。「戦え、戦え」のその時代に、まず子どもたちに、どんな本を読んでもらいたいかということを考えたとき、私たちがまず思いついたのは、無謀かも知れないけれど、「ドゥーリトル先生のお話」だったのである。

紙の配給やお金のことは、ほかの友人が心配する、私の役目は、井伏さんに「ドゥーリトル先生のお話」を訳してくださいとお願いすることというところに、私たちの間で事は勝手にきまってしまった。

さて、じっさいにどう井伏さんに交渉し、「よし」といっていただいたのか、そこのところが、私の記憶からまったく欠落している。この文の初めに書いた、好ましい、赤い表紙の小さい本、『ドリトル先生「アフリカ行き」』の「あとがき」で、井伏さんは、「私はドリトル先生のさういふ風格に甚《はなはだし》く傾倒し、それで久しい以前からこの物語を翻訳してみたいと考へてをりました。」と書いてくださっている。井伏さんが「ドリトル先生」の訳をなさる間、創作の方の大きな支障になることを、私がひどく気にしていることを知っていらしって、井伏さんはそう書いてくださったのではないかと私は思っている。

『ドリトル先生「アフリカ行き」』は、戦争ちゅうにもかかわらず、日本の社会に迎えられ、戦後は、続篇が延々十二巻まで、井伏さんを文字通り煩わしつづけたから、私のいま言える本音は、「井伏さん、ごめんなさい。長らく創作のおじゃまをしました」なのである。

しかし、最初の巻だけをお手伝いした私から見ると、井伏さんは、あの本の翻訳ちゅう、かなりたのしまれたのでもあろうという気もしないではない。「ドゥーリトル」の名前は、下訳をもっていって、説明する私に、ずばり、「ドリトル先生にしましょう」とおっしゃっておきめになるし、「情況が思わしくなく、好転するのを待つという意味の諺……」などと私が言い終わらないうちに、「待てば海路の日和《ひより》」と教えてくださるし、「頭が二つで胴体が一つの珍獣、押しっくらをしているけものの名」といえば、「オシツオサレツ」という言葉が井伏さんの唇から流れ出ていたのだった。

そのような質疑応答のあと、井伏さんは、原稿をかばんに入れ、旅行に出、それこそ徹夜で呻吟してくださったようである。そして、帰られると、そのたいへんさをしみじみ思いだしたというように、「ああ、この原稿は、きつかった。ああ、これには手を焼いた、はあ。」というようなことを、ため息をついて呟《つぶや》かれるのであった。

「ドリトル先生」の作者ヒュー・ロフティングという人

一八八六年にイギリスに生まれて、一九四七年、アメリカで亡くなった児童文学作家ヒュー・ロフティングといっても、「おや、だれのことかな」と思う人があるかもしれません。けれども、「ドリトル先生」を書いた人だといえば、日本のたいていの子どもは、「ああ、そうか」とうなずくことができるでしょう。それほど、「ドリトル先生」の物語は、いまはもう、日本の少年少女にも、ごくしたしいものになっています。時には、ロフティングという、ひとりの人の頭のなかに生まれた人物ではなくて、むかし、ほんとにドリトル先生という人が生きていて、私たちは、その人について伝わったうわさ話を聞いているような気さえすることがあるではありませんか。

こうして、物語のなかの人物が、作者というものからぬけだして、私たちのあいだに生きつづけている場合、私たちは、そういう作品を傑作であるとか、「古典」であるとかいいます。

文学の上で「古典」といえば、時がたっても古くならない本、いつの時代の人にも、かわらない価値をもつ本といういみです。イギリスやアメリカでは、「ドリトル先生」に関するいくつかの作品を批評する時、よく「『ふしぎの国のアリス』いらいの古典的作品」ということばを使います。『ふしぎの国のアリス』も、一八六五年に最初の本ができてから、もう百年ちかくも、かわらずに読まれているすぐれた本です。けれども、「アリス」は、だれもが、すきになれるという本ではありません。ところが、「ドリトル先生」の本は、百人のうち、九十八人はこれを愛読できるのではないでしょうか、「ドリトル先生」は、子どもだけでなく、おとなにもすかれます。男の子にも、女の子にも愛されます。都会の子にも、農村の子どもにも、おなじようにおもしろがられます。

このように幅のひろい、ふしぎな魅力をもつ本を、私は、ほかには知りません。いつもこのことを考えると、こういう本を生みだしたロフティングという人は、えらかったのだなあという気がするのです。

ロフティングは、「ドリトル先生」もののほかにも、いくつか本を書いていますが、多くの人から愛読され、この人の代表作となっているのは、やはり「ドリトル先生」を中心にした十二冊の物語です。このうち、最初の「ドリトル先生アフリカゆき」を書きだすまえ、ロフティングは、鉄道建設に従事する技師でした。幼いころから、自然や動物を愛し、未開の国に文明の利器、鉄道を建設するというような夢をもった少年でしたので、学校でもためらわずにその方面の勉強をつづけました。そして、大学卒業後は、若い技師として、カナダや、アフリカや、キューバの鉄道敷設事業にしたがいましたが、そのうち、第一次の世界大戦がはじまりました。ロフティングは、その時、アメリカの婦人と結婚して、子どもも二人できていました。けれども、アイルランド軍の将校として、フランダースに出征しました。戦争というものは、いつの時代の人間にとっても、大きなできごとですが、小さい時から、人にも動物にも、ひと一倍の愛情をもっていたロフティングが、殺しあいの場である戦場で、いろいろ考えさせられただろうということは、私たちにもよく想像できることです。

アメリカで、お父さんからのたよりを待っている子どもたちに、何を書いてやったらいいかと考えた時、ロフティングは、自分が見ているむごたらしいできごとを書く気にはなれませんでした。戦争というものは、たいへんなものだ、人間は、もっと生命をだいじにして生きていかなければならないということを、ロフティングは、戦争とは、まったくべつなかたちで、絵物語にして子どもに書いて送りはじめたのです。

その時、ロフティングは、自分が世界の子どもの文学のなかで古典となる作品をつくりだしているのだということを知りませんでした。けれども、かれは、一所懸命に自分の力をそそぎ、夢を託してこの絵手紙を書いたにちがいないということを、私は疑いません。でなければ、このような物語ができあがるわけがないからです。

ロフティングの子どもたちは、お父さんからのこの絵手紙をたいへんおもしろがりました。コリンという男の子などは、ドリトル先生がすきなあまりに、先生になったつもりで自分をドリトル先生とよんでいたそうです。

戦争がおわり、ロフティングは、大西洋を船でわたって、アメリカに帰りましたが、その船の上で、あるイギリスの詩人と知りあいになりました。「ドリトル先生」の物語を本にしたらとすすめたのは、この詩人でした。こうして、それまで、ロフティングの子どもだけがたのしんでいたお話は、世界の子どもの前に紹介されたというわけです。

一九二〇年、「ドリトル先生アフリカゆき」が、イギリスとアメリカで出版されると、この本は、大きな反響をよびおこしました。そして、また、この本は、ロフティングの運命を大きく変えた、というのは、それまで鉄道技師であったロフティングは、これを機として物語作家になってしまったからです。未開の国に鉄道を敷くことも、かれにとっては、夢を実現することだったでしょうが、「ドリトル先生」の物語を書きつづけることも、また、それにおとらない、やりがいのある大きな仕事だったにちがいありません。そして、それは、私たちにとっては、ロフティングが有能な鉄道技師でおわるよりも、ずっとしあわせだったことはたしかです。

「ドリトル先生」の物語は、どれも奇想天外な事件にとみ、ユーモアにあふれ、読みおわったあとで、「われわれは、みなきょうだい」という、あたたかい気もちを私たちのなかにのこしてくれます。むずかしく、これらの作品を分析すれば、筋のたてかたのおもしろさ、登場人物（動物？）の性格の設定のうまさ、そういうことをなりたたせたすぐれた想像力、などと、いろいろいうことができるでしょう。けれども、いまは、そういうことをぬきにして、ほんとうの人間らしさというもの、お金や位や、学問や見えや、そういうものに左右されない、ほんとに人間としてもっていたいあたたかい心、それをもって貫きとおしたドリトル先生というひとりの人物を、生き生きとつくりだしたという点で、私は、ロフティングをほんとにえらいと思うのです。

ロフティングのなかに、ドリトル先生のような気もちがなかったら、ドリトル先生はつくりだせなかったでしょう。ロフティングは、気もちのうえで、ドリトル先生にかなり似た人であったにちがいないと、私は考えます。

いつか、ずっとまえに、アメリカの本で読んだおぼえがあるのですが、ロフティングは、たいへんはにかみやだったそうです。そしておとなの人たちのまえで講演することなどは、あまりすきでなかったそうですが、ある時、ボストンの公共図書館で、子どもたちのためにお話したことがあったそうです。

アメリカの図書館では、図書館の人たちが、毎週何曜日とか日をきめて、おもしろい話を、本を読みにくる子どもたちに聞かせます。ロフティングは、たまたまそういう日に、図書館を参観にゆき、集っていた子どもたちに紹介されました。その背の高い、りっぱな紳士が、「ドリトル先生」の作者と知ると、子どもたちのあいだからは、たいへんな拍手がわきおこったということです。

部屋が静かになると、その人は話しはじめました。

「イギリスで初夏なきだすカッコウは、ほかの鳥のすにたまごを生みおとし、自分はインドに飛んでいってしまいます。生みおとされたたまごは、よその鳥のつばさにだかれてヒナになり、つばさが十分つよくなると、はるばるインドまでとんでゆき、そこで、ほんとの親にめぐりあうのです。これは、ほんとうの話です。こういう事実は、鳥の生活を見て、ふしぎなことをするなと思ったら、あくまでそれをしらべずにはおかなかった、強い探求心をもつ人たちによって証明されました。今は、ここに集ったみなさんのうちからも、人類のために、未知の世界をさぐり、大きな発見をする人が、きっと出てくると思います。」

子どもたちは、目をおさらのようにして、「餌をなげられた魚のように、その人の話にくいついた」と、図書館の人は書いていました。

それもそのはず――これは、あとになってわかったことですが、――子どもたちは、自分たちのまえに立っている人こそは、ドリトル先生その人なのだと考えてしまったのでした。

しかし、私には、この時の子どもたちの考えは、それほどまちがってはいなかったような気がします。

「ピーター・パン」の生まれるまで

先日、ピーター・パンの話を友人としていた時、いったい、ピーター・パンというのは、伝説的にむかしからある人物（？）なのか、それとも、イギリスの作家、J・M・バリーのつくりだしたものなのかと聞かれました。

私は、ピーターは、バリー個人の創作であると答えながら、「ピーター・パン」という作品については、センチメンタルであるというような批評はあるけれども、とにかく、作者の手をはなれて、伝説的と思われるまでのひとり歩きをする一つの性格をつくりあげたことは、作家としてはたいしたことだなと思わずにいられませんでした。

J・M・バリー（一八六〇—一九三七）は、一九〇四年に、劇「ピーター・パン」を発表しましたが、この「永久におとなにならない少年」の像が、バリーの心にはっきりした形をとるまでには、長い年月と複雑な手つづきが必要だったようです。バリーが、幼年時代の数年をすごしたスコットランドの故郷の家のまえには、小さい洗濯小屋がありましたが、これは、ピーター・パンの住む夢の国、「ネヴァーランド」での小さい家の原型であるようです。

また、のちに、ロンドンに出て作家として身をたててから、毎日、犬をつれて散歩したケンジントン公園は、もちろん、ピーター発祥の地として有名です。バリーは、この公園の散歩の途中、いつのころからか、デイヴィス家のむすこである五人の男の子たちと友だちになりました。（もっとも、子どもたちは、はじめ三人であったのが、バリーのなかで「ピーター・パン」が形づくられているあいだに、あとの二人が生まれたのです。）そして、この子どもたちを相手に、空想の海賊を追って、バリーの夢は、この公園を舞台にかけめぐったもののようです。

一九〇二年――それは、ちょうどバリーが、小説家から劇作家に転じようとしていた時期でしたが――かれは、ケンジントン公園の丸池の上にとんでいる鳥たちからヒントを得て、「小さい白い鳥」という小説を発表しました。バリーがこの作品を書いていた時、文壇では、かれがロンドンの小市民の生活を描きだす小説を執筆ちゅうだというわさがもっぱらでした。が、さて、その問題の作品が発表されてみると、批評家もとまどいました。というのは、「小さい白い鳥」は、ひとりのセンチメンタルな独身男の、まるでフェアリー・テールズをつなぎあわせたような回想の物語だったからです。そして、この男の見る子どもたちの前身は、公園にとんでいる白い鳥だというのでした。

1955年夏、ロンドンのケンジントンガーデンにあるピーター・パン像の前で

この作品は、批評家をとまどわせたようなものではありましたが、その幻想の美しさにひかれた人も多く、バリーのセンティメントを愛する人たちは、かれの心の一ばんおくそこの秘密を語る、重要な作品としています。この作品から生まれた、おもしろい挿話の一つは、バリーの作品の愛読者だったケンブリッジ老公が、ケンジントン公園のランキャスター門のカギを、バリーに贈ったことでした。

バリーは当時、ランキャスター門のすぐ外がわに住んでいましたから、その門の出入が自由になってからは、人びとがその公園を出ていってしまったあとの時間を、心ゆくまで犬と一しょにたのしんだということです。こうした散歩のあいだに、人のいなくなった公園で、妖精とあそぶピーターのすがたは、バリーの心のなかで、だんだんはっきり形づくられていったのでしょう。

そして、ついに、一九〇四年、劇「ピーター・パン」は脱稿しましたが、これは、バリー自身の心の欲求は満たしたものではあっても、世間的な成功をする作品とは、作者自身思っていませんでした。

そのころ、バリーは、すでに、英米両国で流行劇作家として認められていて、チャールズ・フローマンというアメリカの演劇プロデューサーに新しい劇を提供する約束がありました。しかし、「ピーター・パン」の成功にはまったく自信のなかったバリーは、もう一つこれなら世間的にも迎えられると確信ある予備の劇を用意しておいて、この二つを同時にフローマンにわたしたのです。

この時、「ピーター・パン」の脚本を読んで、熱狂的に感激して、全力をあげてこの劇を成功させようとしたフローマンの先見の明により、この妖精的な、ちょっときみのわるいところのある、おとなにならない少年、「ピーター・パン」の運命は決定されたのでした。

「ピーター・パン」は、一九〇四年、ロンドンのデューク・オヴ・ヨーク劇場の初演で、大成功をおさめました。そして、今日まで毎年、おそらく欠かすことなく、クリスマスの劇としておとなと子どもをたのしませつづけているわけです。

一九一一年、バリーは、この劇を物語に書き改めたものを、「ピーター・パンとウェンディ」として出版しました。それから、「ピーター・パン」の成りたちを示す物語「小さい白い鳥」からのぬき書も多くふくまれている物語は、べつに「ケンジントン公園のピーター・パン」として編まれています。

一九二九年四月、ジェームス・バリー卿は今後、一さいの「ピーター・パン」物からくる上演料、印税は、ロンドンのグレート・オモンド・ストリート小児病院に寄附されると発表しました。二十五年間つづいた「ピーター・パン」の成功を記念する事業として、まことにふさわしい計画でした。

「マザー・グース」は生きている

イギリスの伝承童謡集「マザー・グース」の名は、久しくまえから聞いていた。また、大人むきの小説やエッセイのなかに、みょうな引用句が出てきて、何のことかわからないので、イギリス人、またはアメリカ人にたずねてみると、その人たちがたちまち笑いだして、「マザー・グースに出てくることばですよ」といって、その句のでてくる歌をすらすら暗誦してくれるようなことには、何度かぶつかった。

しかし、五年ほどまえにアメリカ、イギリスに出かけて、子どもの文学がじっさいの子どもの生活のなかにどうとけこんでいるかを見るまでは、マザー・グースが、いかに昔から今日まで、またおそらくは、今日から未来まで人口にかいしゃしつづける大河のような詩の世界だということを、身にこたえては知らなかった。

私が比較的ながく見学する機会のあったアメリカの児童図書館には、三歳くらいの子どもから本を借りにくる。もちろん、そのような幼い子は、母親に手をひかれてやってきて、絵本を借りて帰ってゆくのだが、何曜日の何時というように、その図書館で幼児の時間にきめてある時間にやってくる場合は、小さい子どもだけが別室につれてゆかれて、児童図書館員と一しょに歌をうたったり、お話を聞いたりする。（その間、母親たちは母親たちで集って、児童文学の講義を聞く仕組みになっていたところもあった。）

さて、三、四、五歳くらいの子どもが集められた部屋では、かれらは、ひとりの児童図書館員をかこんで半円を描いて、床に坐りこみ、三、四十分をそのひとりのおとなの声に耳をすますのである。もちろん、児童図書館員が歌をうたえば、ガヤガヤ、そろわない声で自分たちもうたいだすし、話を聞く時も、合の手を入れたり、手をたたいたりする。ちょっと日本の幼稚園でやっていることと似ているが、ちがうのは、これがいわゆる「お遊び」ではなく、図書館で、この幼児たちに供給しているものは、文学につながるものばかりであった。幼い子の文学、つまり、歌とお話だけなのである。

私は、何回か、この種の集りもそばで見ていたが、お話の場合は、昔話もあったし、創作童話もあった。しかし、歌は、マザー・グース以外に出てこなかったのにはおどろいた。

「さ、みんな、この歌知っていますか？」

と、児童図書館員が、節ともいわれない、単純、素朴なマザー・グースの一節をうたいはじめると、子どもたちは、一人、また一人とそれに加わってゆき、とうとう、全員そろっての合唱になる。子どもたちはからだをゆすり、両手をあげて、もみじのような手をふりはじめる。

私は、伝承文学の自然発生的なリズムの効果を、目のまえにつきつけられた気がした。その子どもたちは、自国語のもつリズムの快感を、文字どおり体得しているところなのだ、と、私は思った。そして、そういうものは、幼いうち、つまり、まだ読むことはできないが、聞く力は、おとなよりもゆたかな時代に体得しなければならないものだろうと思った。

児童図書館員たちに確めたところでは、その子どもたちは、べつに図書館にきて、はじめてマザー・グースを知ったのではないということだった。そして、子どもたちは、じつにたくさんの歌を知っているそうだ。ということは、英米の子どもたちは、それを受け入れるのに最適な時に、親から、社会から、過去の文学的遺産を与えられているということになる。きっとこれはフランスやドイツ、その他の国々にもいえることなのだろう。

おばあさんが幼いころにうたった歌を、お母さんもうたい、孫もうたう。そこに、一本の伝統の筋が通ってくるではないか、と、私は、マザー・グースをうたう幼児たちをながめて、羨ましく思ったわけだった。

イギリスのような、実際的で、なっとくできないことは確めてからでないと、先にゆかない国でも、本格的なマザー・グースの学問的研究があらわれだしたのは、近々三、四十年のあいだのことのようである。記録的に残っているものをたどって、「カエルの嫁とり」にいったのは、チャールズ二世であろうとか、「クモをこわがったマフェット嬢」は、どこかの昆虫学者のマフェット氏のむすめであったらしいとか、ほこりにまみれている過去帖をほりだしての研究がされているようである。

このように学者や、文学者や、一般のおとなたちから軽々しく見すごされてきたマザー・グースの歌が、いままで、古いものでは五百年ものあいだ、死なずに、子どもたちの世界に生きつづけ、ことばの喜びを教え、未来の詩人たちを育ててきたのは、どういう道筋を通ってであるか。私には、じつに知りたいことなのだが、この偉大な功労者は、イギリスの「ばあや」であり、また、この長い間、マザー・グースの棲息をゆるしたのは、イギリスの「子ども部屋」という世界なのではないか、といわれている。

何はともあれ、人間の心の秘密を多量に埋蔵しているこの伝承童《わらべ》うたの数々を、ぶじ、その貴重さを理解しようとする時代まで守り通した、イギリスのばあやと子どもたちに、栄光あれ。

それにくらべて、私たちのまわりのありさまをながめると、さびしくなるのである。

ジェイコブズ「イングリッシュ・フェアリー・テールズ」

ジョーゼフ・ジェイコブズの"English Fairy Tales"を私が再認識したのは、一九五三―四年、アメリカにいた時のことでした。それまでも、かれの「昔ばなし集」が、ほとんどすべての児童のためのスイセン図書目録のトップにあげられていることは知っていました。しかし、それが、現在、どのくらい生きて読まれているか、知る機会はなかったのです。

一九五四年一月から三月まで、私はピッツバーグ図書館学校で、エリザベス・ネズビットという人の「児童文学」の講義をとっていました。が、正直なところ、それまで民話というものにそれほど関心をもっていなかった私は、この先生が児童文学全体のなかで民話におく比重の大きさに、最初、びっくりさせられました。しかも、それは、イギリス、アメリカの民話に対してだけでなく、他国のものについても、その取り扱いの慎重なことは、その民族の特長を失わせるような再話は排撃し、よい再話は極力賞讃して、そうした本を絶版にさせないようにするのが、図書館員の任務だとまで説いているくらいでした。

この講義でも、ジェイコブズの再話方式は、最もすぐれているものの一つとして挙げられていました。

ピッツバーグ滞在のあと、私はニューヨークの公共図書館めぐりをはじめ、じっさいに子どもたちが、どんなようすで本を読んでいるか見てまわりました。余談にわたりますが、マンハッタン島やその附近には、ニューヨーク公共図書館の支部が八十何カ所もあって、その場所により、それらの小図書館の性格は一様ではありません。ニグロ地区にあるもの、ユダヤ人地区にあるもの、また、いわゆる私たちがアメリカ人とよぶ白人の地区にあるもの、それぞれに子どものようすも、読書の状態もちがいます。

しかし、どの支部にいっても、民話の利用率は、たいへん高くて、ことに「お話」の時間になれば、それはもう絶対に民話の活躍舞台でした。ということは、民話がもともと話されたものであることを考えれば、当然ですが、しかし、子どもがおもしろがらなければむりに聞かせるはずはないのです。

「ネーザン・ストラウス」という、東三十何丁目とかいう、あまり生活状態のよくない地区の図書館へもゆきました。この図書館はちょっと変わっていて、たいていの公共図書館は、成人の部に青少年の部がついているのですが、ここは、成人部はなくて、青少年部だけがあるのでした。もともと何十年か前に、ネーザン・ストラウスという牛乳屋さん（?）が、恵まれない子どもたちのために、この図書館をつくり、後に公共図書館にひきつがれたものだということを聞きました。（私が帰って来てから、この地区は都市美化運動のため取りこわされ、この図書館もなくなったはずです。）

こんなことを書いたのは、ここでジェイコブズの真価を知らされるようなあるデータを偶然、図書館員Aさんから示される幸運を得たからです。ピッツバーグでは、ネズビット女史が、くり返しくり返し、現在の図書館が子どもを「束」にして取り扱いがちであること、子どもは個性として接しなければいけないということを生徒に戒めているのを聞いたあとでしたから、ネーザン・ストラウス図書館でも、雑多な人種の子どもが、わんさとつめかけてくるのを見て、私は、図書館員としての勤めもたいへんであろうということを、Aさんにいったのです。

Aさん（かの女自身、ポーランドからの移民でしたが）は、まったくそうだといって、二、三年来、自分は、「インフォーマル・リーディング」という方式をとって、子どもが任意に本を選んで「これを読んで」ともってきた時には、聞き手が二人でも、三人でも、読んでやることにしていた、しかし、午後になれば、子どもが、部屋にいっぱいという現在の状態では、もうそれはできなくなった、「束」でとり扱うよりしかたがないと嘆いていました。

そう話しかけて、かの女は、「待っていらっしゃい。その時読んだ本の記録が残っているから、見せてあげましょう」といって、三綴りばかりの書類をもってきてくれました。私には、それはたいへん興味があったので、子どもが自分から手にとりあげたという本のリストを、いくつか写しとっておきました。データーは、絵本とか、ごく幼い子のためのリストとか、いくつかに分かれていましたが、まとまった本として取りあげられた本の名を多く取りあげられた順に五位までならべて見ますと、

一九五〇年

グリム	五二回
ジェイコブズ	五二
ラング	五〇
キプリング	一六
アスビョルンソン	九

一九五一年

ジェイコブズ	九〇
グリム	二二
アンデルセン	一九

ブルックス（民話絵本）　一九
ロレンツィニ（ピノキオ）　一〇

一九五二年
ジェイコブズ　六五
ブルックス　四三
グリム　二二
ロレンツィニ　二一
ハッチ（デンマーク民話）　一九

およそ百畳敷きとも思える児童部屋の壁面いっぱいにならんでいる、色とりどりの本のことを思いあわせると、その中から、ジェイコブズを年に九〇回もとりあげたということは、おどろくほどの比率です。（もちろん、これは、「読んで」と言って、子どもが図書館員にもってきた度数で、借りだして家へもってかえった回数ではありません。）

ジェイコブズの再話のすぐれている点を、私はここで、理論からだけでなく、あらためて実際からも思い知らされたわけです。以下は、それ以後、私が読書の途中で、ジェイコブズの名の出るごとに心にとどめたことですから、専門的な研究ではありません。

ジョーゼフ・ジェイコブズ（一八五四―一九一六年）は、オーストラリアに生まれ、シドニーの学校を出ると、ケンブリッジに入学しました。そのころ活躍していた人類学者、アンドリュー・ラングとともに、おどろくほど広い範囲に興味をもっていたとみえ、文芸批評家、雑誌編集者、随筆家、人類学者、また熱烈なユダヤ人問題研究者としての経歴を残しています。

ロンドンに“Folklore Society”ができたのは一八七八年で、ジェイコブズはその熱心な会員であり、何年間かは、そこの機関誌の“Folklore Society Journal”の編集もしました。このフォークロア・ソサイエティーでは、さかんに民話の蒐集もおこないましたが、それは、学問的なものであったので、グリムとおなじように民衆の口から語られるものを厳密に写しとることを目的とし、再話することをきらったようです。自由に材料を取捨したアンドリュー・ラングやジョーゼフ・ジェイコブズは、「フォークロア・ソサイエティーの紳士たち」から忌避されたというような表現があちこちに出てくるのをみると、その紳士たちの気むずかしい表情が想像されるような気がします。

しかし、ジェイコブズの“English Fairy Tales”が出版されたのは、かれの四十六歳の時ですから、かれは、子どものための再話をはじめるまでに、かなり深い民俗学の知識と、民話のテクニックを掌中のものとしてしまっていたように思えます。かれの娘であるメイ・B・ヘイズの思い出話によると、ジェイコブズは、毎日毎日、話を聞き書きするばかりでなく、大英博物館に通いつめて、子どものために適当な民話を発掘し、それを三人の子どもに話して聞かせては再話していったということです。子どものたいくつするところは、また工夫するというやり方です。

ジェイコブズは、人類学者でしたから、興味は、イギリスに限らなかったので、歴史をさぐっていったことから、すべての民話のもとはインドに発しているという意見をもっていたようです。かれには「イギリス民話集」ばかりでなく、すぐれた「インド民話集」「ケルト民話集」があり、かれが一ばん苦心したのは、それぞれの民話のもち味を話の中に生かすことでした。そのため、イギリス民話には、素朴な口語的な表現をとりながら、アイルランド民話では、全然手法をかえています。かれ自身のことばを要約してひいてみますと、

「多くの場合、私はこれらのフェアリー・テールズ（イギリス民話）を、かなり書きなおさなければならなかった。ことに、方言で記録されているものは、そうであった。また十八世紀のチャップ・ブックス（十八世紀に行商人によって売られた安本、今日の漫画本のようなもの）の荒唐無稽なことばは、これをのぞいて、シンプルな文章に

書きあらためねばならなかった。しかし、庶民の口語は、ある程度残すようにつとめた。子どもというものは、こうしたもののドラマティックな効果を感得するものである。要言すれば、よい婆やが、子どもたちにフェアリー・テールズを話してやるように書くということが、私の願いであった。この本は、目で見るだけでなく、声を出して読んでもらいたい。話の中の部分を変えたところはあるが、その場合には必ず注をつけ、その話の典拠と、またヴァリアントを示した。」

「私は、これらの話（アイルランド民話）を、あまりにも人工的な文章からは解き放そうとしたが、イギリス民話にとったような自由な手法はとらなかった。かなりな程度までアイルランド的語法は残した。しかし、それをカッコで囲うようなことはしなかった。カッコで囲うなどということは、よい人びとはみな、大きらいなことであるから。意味のわからないことばが、いくつかはいっていることは、その話の地方色を添えるに役だつものである。」

つまり、イギリス民話では、その素朴なユーモア、庶民性をおしだしましたが、アイルランド民話のロマンティックな雰囲気を守ることには、極度の注意を払ったのです。

ジェイコブズが、最初、これらの民話集につけた、学問的な注や解説は、こうした本がもう子どものための古典になってしまった――そして、むずかしい文句を言った

「フォークロア・ソサイエティーの紳士たち」がいなくなった――現在では、とりのぞかれてしまっています。私も、ロンドンで古い型の本を手に入れようとして、できなかったのは残念なことに思っています。初版以後しばらくは、注には、「これを三度読んだ者は、大人も子どもも、百年ねむってしまうことはうけあい」というユーモラスな注意がついていたそうです。

「グリム童話」雑感

民話というものは、どこの国の場合でも、その国の文学的、民俗学的な宝として、とり扱われていいと思います。もちろん、民話は、文字や書物が、いまのように世の中にゆきわたらなかった時代に、口から口へつたえられたお話ですが、それだけに、その中には、その民族の経てきた歴史、風土の影響、そのころの人の頭では解けなかった自然への驚異、詩、風習などが、ゆたかに盛られているのは、当然なことでしょう。

やがて、時代が移って、書物が、わりあい、たやすくできるようになると、この口づたえの民間伝説を、本の中に書きとめようとする努力は、あちこちでされるようになりましたが、なんといっても、最近にそれを科学的に、組織的に完成したのは、ドイツの学者、グリム兄弟で、この人たちの功績は、けっしてドイツだけにはとどまらなかったといえます。

ヤーコプとヴィルヘルムのグリム兄弟は、こうしたお話の中にふくまれる民俗学的、社会学的な価値に興味をもって、十三年の月日を費して、民衆のあいだを歩きまわり、その人たちの口から、じかに話を聞きとったということですが、その時、幸運にも、牛飼いの妻である、めずらしく記憶力のいいおばあさんに出会い、かれらの集めたお話の、かなり多くのものは、この一人のおばあさんの口から出たのだということを読んだことがありますが、おもしろい話だと思います。この老婆は文盲で、記憶力のよいことは無類。おなじ話をくり返す場合に、一語もちがえなかったということです。この種類の天才は、本が記憶力の代用になってくれる、いまの時代には、惜しいかな、なくなっていく運命にあるのかもしれません。

グリムは、お話を集めるにあたっては、「私たちの最大の努力は、聞いた話を忠実に写すということであった。私たちの祖先のけだかい言葉に耳をかたむけ、かれらの風習を見守り、その自由、信仰をその中にみとめながら、かれらのふみ分けた原始林の中に、私たちも踏み入るということであった。」といっているようですが、グリムのお話を読んでいると、たしかに、あの寒い荒あらしい気候の国に住んでいた人々のあいだにはいっていくような気がします。

この、あくまで、庶民のあいだに生まれたもの、そのままを重んずるという態度は、ほかの国々の民俗学者たちにも、大きな影響を与えずにはいなかったと見ていいでしょう。とすれば、グリムは、世界民俗学の恩人ということができます。

今度、岩波文庫に「グリム童話集」の改訳を完成された金田鬼一氏の前がきによると、グリムが、最初にこの本を出版したのは、文化九年（一八一二）だそうです。英語に訳されて出版されたのは、一八二三年とされていますから、このすぐれた本は、本国で出版されるとすぐ、どんどん外国のことばに移されはじめていたわけです。

このぼう大な童話集の中のお話は、全部、子どものためのお話ではありませんし、外国の話でもありますから、全部が、日本の子どもに適しているとは、私は思いません。

去年、ドイツにいった時、三、四十年間、おなじように子どもたちに親しまれている本は何かと、ある児童図書館にいって聞いてみましたら、十冊ばかり、絵入りの本を出してくれました。その中には、もちろん、グリムもありましたが、私にふしぎに思えたのは、そのいくつかの絵本の絵が、子どものためのものとしては、なんとしてもグロテスクでどぎつく見えたことです。私は、ドイツ語ができませんし、その時に書き写してきた書名も、いま見あたらないので、はっきりしたことを申上げられないのが残念ですが、油っけの少ない国からいった旅人は、きびしい自然や、国境を接する他民族との間のたたかいを経験した民族の文化の一端をのぞいたような気がしました。

もちろん、ドイツでも、長い間、子どもからすかれてきたお話は、いくつか選び出されていると思います。アメリカでは、ある人が、幼児のためのものとして選んだお話として、つぎのようなリストがあります。

五、六歳用	岩波文庫巻数
めっけ鳥	二
野ばら姫	二
兎とはりねずみ	七
森の家	六
兄と妹	一
小羊と小ざかな	六
雪白姫	二
ながい鼻	二
雪白と薔薇紅《ばらあか》	六
四、五歳用	
猫とねずみとお友だち	一
灰かぶり	一
親すずめと四羽の子すずめ	六

しらみとのみ　二
わらと炭とそらまめ　一
ブレーメンのおかかえ楽隊　一
狼と七ひきの子やぎ　一
おいしいおかゆ　四
赤ずきん　一

日本でも、どこかの幼稚園の先生か小学校の先生が、実地にためしてみた上で、日本の子どもに適したリストをつくってみたら、おもしろいと同時に、有益でしょう。

先日、東北の汽車の中で、前にこしかけていた祖母（まだ若い）と孫とのお話を聞いていていておどろきました。二人は、「赤ずきん」の話を、純粋の東北べんでしていました。私は、それが、日本の話でなかったことに、ちょっとがっかりもし、また、いまさらのように、グリムの偉力におどろきもしたのです。

百五十年近く前に、ドイツの草ぶかいいなかを、農夫たちから話を聞いてまわっていたグリム兄弟は、こういう日のあることを考えていたでしょうか。

方言であることは、べつとしても、「ありました」「である」の区別の少ない外国語から、口づたえのお話の味をたもって、このぼう大な童話集のほん訳を完成された訳者の御苦労は、私には、察するにあまりがあります。

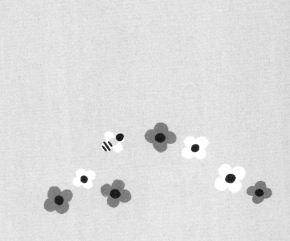

よい仕事には、よい先達が必要なもののようです。というよりも、よい先達があったからこそ、よい仕事がはじまったともいえるかもしれませんが。

現在のアメリカの児童図書館の活動を考える時、私は、いつも、この方面の仕事のそもそもの出発点に立って事をはじめたキャロリン・M・ヒューインズと、最初の児童図書館として、ヒューインズのあとをうけてたったアン・キャロル・モーアを思いださずにはいられません。

かれらは、まだ地図のないところで道をつけていったようなものですので、ある点では、いまの日本の児童図書館員の仕事に、参考になることもあるかと思い、ヒューインズ女史の業績のあらましを御紹介してみましょう。

キャロリン・ヒューインズ女史

キャロリン・ヒューインズは、一八四六年にマサチューセッツ州、ボストンの近くに生まれました。そのころの家族は、父母のほかに、ひいおばあさん、おばあさん、おばさんが二人におじさんがひとり、おまけに、キャロリンの下に妹が七人、弟が一人生まれたというのですから、いかににぎやかな幼少時代をすごしたか、わかります。
父方の祖父は、その当時としては有名だった肖像画家で、外国旅行をしていることが多く、父は、男子用装身具商で、かなりさかんにやっていました。そこで、かの女は、金満家ではないまでも、智的で、不自由のない、本のある家に育ったということになります。そのころのアメリカのことですから、土地は、ふんだんにあり、父母が植物を愛しましたので、キャロリンも自然にたいしての愛着をもつ子供として、成長しました。

小学程度の教育は、母親が、自分の使った古い教科書を使って、やってくれましたが、つぎつぎに子どもができるので、やがて、キャロリンは、弟と一しょに近くの私立の塾に通わされました。

こうして、初等教育としては、正当な順序をふまなかったために、私立のハイスクールを出てから、ボストンのガールス・ハイ・ノーマル・スクールという学校にはいった時は、ほかの生徒に追いつくために、かなりの苦労をしたようですが、しかし、幼いころ、大ぜいの弟妹とともにした読書、自然観察、家庭の雰囲気は、かの女が図書館員として活動するようになってから、大いに役だったようです。

この学校にいる時、キャロリンが運命の一転機に出あった、というのは、学校の校長が、ある日、自分の書いている本の資料をしらべてもらうために、かの女をボストン図書館（Boston Athenaem）につかわしたのです。その時、若いキャロリンは、図書館というものの学問的雰囲気にうたれ、学校を出たら、図書館で働かしてくれと、父親にこん願するようになりました。

働く婦人は、あちこちにいたアメリカとはいえ、まだ前世紀のことです。キャロリンの父親は、かの女が家にいてくれるようにと、新しい部屋をたてましたりしましたが、かの女の志はかわりませんでした。

その当時、ボストン図書館の館長は、索引学の大家と言われたプールという人で、たぶん、キャロリンは、その人から図書館学の基本、ビブリオグラフィーの重要さを教えられたのだろうと言われています。

しかし、かの女が、ここで働いたのは、ただの一年で、その後、ボストン大学にはいったり、女学校の教師をしたり、二、三の変転はありましたけれども、そのあいだ、終始、かの女をとらえていたのは、図書館活動の魅力です。

そして、そのチャンスをねらっているうち、一八七五年に、とうとう、コネティカット州、ハートフォード市の青年図書館（The Young Men's Institute）の司書に応募し、採用されました。そのころのコ州の首都、ハートフォードは、人口約五万、――これは、そのころとしては、大都会でしょう――そして、青年図書館は、有料で、登録している人の数は、五百人ほどでした。会費は、年に三ドル（二年分、まとめて払えば、五ドル）。一度に一冊ずつ本を借りだすことができました。

そのころは、アメリカの図書館でも、子どものための活動は、ほとんどなされていませんでしたが、かの女は仕事につくと、まずそこからはじめなければと考えました。といって、子ども自身に会員になれということはできません。年に三ドルの会費を、わざわざ子どものために払うということは、たいへんだったのです。そこで、青年図書館にある子どもの本は、会員になっているおとなが、自分の家の子どもに借りていくためのものでした。そして、子どもの本は、おとなとまぜこぜにアルファベット順にならべてありました。

その中には、アンデルセン、グリム、ホーソン、スコット、ディケンズ、サッカレイなどの本がありましたが、しかし、これらの本は、当時の少年少女物の流行作家、オプティック、アルジャー、キャッスルモン、フィンレイの四人の著書にくらべたら、物の数ではありませんでした。キャロリンは、冗談にこの四人を、「不滅の四人」とよんでいたそうです。比較的年の多い少年たちは、ウィーダ（「フランダースの犬」の著者）の作品をたん読していました。

キャロリンは、その図書館にいくまで、ウィーダの名まえを知りませんでした。そこで、かの女の著書を何冊か家にもってかえって、読んでみておどろきました。そして、すぐ新聞に一文を送って、世の親たちが、かれらのむすめたちが何を読んでいるか、のぞいてみたことがあるのかと問いかけました。

その文のなかで、キャロリンは、

「その物語は、現代の小説で……なかに登場する男たちは、『十戒』の戒律を全部やぶり、しかも、ロンドン社交界でもてはやされているというていのものです。そして、どの男も若気のあやまちで、自分より身分のひくい女性と結婚していますが、いまは別居ちゅう。べつの若い清純なおとめと熱烈に恋を語っています。むすめたちは、その男たちのために何物も犠牲にしようとしていますが、ひとりは、折よく、男の妻が死んだために、親もとから逃げださずにすみ、もうひとりは、男の前の結婚が合法的でなかったことが発見され、美しいことばをはきながら、男の腕にめでたし、めでたしとなるというようなものです！」

と書いています。

また、キャロリンは、少年たちの読物が、やくざ的なことばにみち、みだらなことにもおどろかされました。そこで、館長に話して、これらの本を全部書棚からとりのぞき、できるだけ早く、良書であとをうめるという許可を得ました。

前世紀のアメリカで、こういう仕事がどのくらいむずかしかったかは、すぐ想像できることです。前にあげたような流行作家以外の著者は、ごく少なく、また子どもの本の図書目録というものは、それまでに一つもありませんでした。子どもの読書指導のために、キャロリン・ヒューインズが、まずやった、大きな仕事は、この目録作製でした。この時、かの女が弟妹たちとともに読んだ本、また、学校で教えた子どもたちとの交渉が、大いに役だちました。

キャロリンは、子どもたちが図書館にくることをすすめ、どんな本がすきか、どんな本がきらいかについて、子どもたちと話しあいました。一八七八年には、図書館で季刊の会報をだしはじめましたので、かの女は、早速に、読書指導についての注意をあげ、号を重ねるにしたがって、すいせんできる本の名をあげてゆきました。

一八八二年、パブリッシャーズ・ウィークリーの編集者、レイポールドのすすめに応じて、最初の児童図書目録〝Books for the Young, A Guide for Parents and Children〟をあみました。これは、両親のための注意からはじまって、書物の歴史、種々のソースからの引用句、図書目録からなる、うすい小冊子です。私は、七、八年まえに、上野の図書館で、ぼろぼろになったこの本にめぐりあった時は、ふしぎな友に出会った気がしました。

いまから、約八十年前に出たこの本には、いまも消えない、それこそ「不滅の」名作が、かなりたくさん選ばれていて、ヒューインズ女史の目のたしかさを知らせてくれます。それにひきかえ、ここにのらなかった、当時の流行作家の名は、ほとんどいま、人に知られていないのは、興味ある事実です。

キャロリン・ヒューインズは、たえず学校と連絡をとり、学校で図書館へ団体登録するようにすすめ、学科、ことに歴史の勉強にやくだつ文学書などをそろえるのに努力しました。

一八九〇年、かの女は、図書館の会費を一ドルにさげることに成功し、会員は、一〇〇三人にふえました。この図書館として空前のことでした。一八九二年、青年図書館は無料図書館となり、つぎの年に、ハートフォード公共図書館となったのです。

この最初の一年間に貸し出された子どもの本は、五万冊でした。しかし、独立した児童室が必要だということを、市当局に知らせるためには、キャロリンは、まだまだ努力を重ねなければなりませんでした。が、ついに、ある新聞に、成人の男女各ひとりずつ、それに五十一人の子どもがつめかけている図書室の写真が出た時、市のおえら方もかん落しました。

一九〇四年、キャロリン・ヒューインズの監督のもとに、図書館のとなりの古風な家が、たのしい子どもの部屋として解放されました。こうなると、子どものためのお話の時間、展らん会、パーティーと、催しは、セキを切ったように動きはじめました。キャロリン・ヒューインズという人は、非常にユーモラスな、元気のいい人だったということで、子どもの気もちを理解し、日曜日には、物語に出てくる野草をたずねて、遠足をするといったぐあいで、そのころ、ハートフォード公共図書館の会員だった子どもたちは、たいへんたのしい思い出をもったようです。また外国へ旅行に出ても、たえず子どもたちと文通し、一しょに読んだ本に出てくる土地について、書き送ることを忘れませんでした。

しかも、かの女は、児童図書館員ではなく、ほかに重い責任をもつ身であったことを思うと、その疲れを知らない不屈さにおどろかされます。時に、仕事が、何もかもうまくいかないで、かの女自身も部下も、しょげてしまうような日、キャロリンが、「やれやれ、こんなにこまった人があるだろか――二階じゃ女房が死にかけてる、下じゃ、狂犬が待っている。」と唱えると、何とか、また問題の目鼻がついていったのだそうです。

ハートフォード公共図書館に、児童室ができてからは、もちろん、専門の児童図書館員がきましたが、それからも、かの女のその方面への関心はうすらがず、かえって、その影響は、アメリカ各地にひろがっていったのです。

かの女のさだめた高い標準、また、いかにもたのしい場所であるという雰囲気、それを、私は、先年のアメリカの児童図書館見学のさい、見たように思いました。

ヒューインズ女史は、一九二五年、ハートフォード図書館で働きはじめてから満五十年に達しました。その時、友人たちは、「ヨーロッパ旅行か、児童図書館員養成のための奨学金か」に使うようにと、金一封をかの女におくりました。かの女は、旅行は、自分でできるし、奨学金は、いつまでも生きるから、と、後者を選びました。

一九二六年秋、かの女は、読書を中心とした幼少のころの思い出、〝A Mid-Century Child and Her Books〟をマクミラン社から出版して、それからいく日もたたないで亡くなりました。

モーアさん

アン・キャロル・モーアの名は、もうずっと前から知っていた。アメリカの児童文学、児童図書館についての本を読めば、すぐにぶつかる名まえである。

何しろ、一八七二年生まれというのだから、いまは八十三である。アメリカ児童図書館員の草わけ、児童文学批評界では先達であると同時に、まだ現役で働いているのだから――この人にいい批評を書いてもらうと、本が売れだすという伝説さえ、あるくらいで――その方面の大御所というわけである。だから、私は、アメリカに出かけても、この人にわざわざ会いにいくだろうとは、考えていなかった。とにかく、八十いくつというお年よりだし、しかも忙しい人だし、日本の常識でいえば、そういう人に、それほど時間と精力の余裕があるとは思えなかったから。

去年の春、アメリカにいくことがきまったとき、児童図書館を見たいという希望については、前から文通のあった児童文学批評誌〝Horn Book〟の社長、ミラー夫人に相談をかけた。この人は、私が、あることで、この人に質問の手紙を出したころは、

「ホーン・ブック」の編集者であったから、のちに社長になったとしても、私は、べつに、つきあうのにおっくうという気はしなかったのである。しかし、伝説の人、モーアさんは、ミラーさんの親友であるとはいえ、私の頭の中で、またちがった部類に属していた。

さて、八月の終り、いよいよサン・フランシスコについてから、アメリカ大陸を東へ横断する道すがら、あちこちに寄って、図書館の見物をするものだから、なかなかニューヨークにゆきつけない。私の勉強の資金を出してくれるロックフェラー財団の事務所にいって、早く手つづきもすまし、ボストンの近くに住むミラー夫人に会って、こまかい相談もしたいと考えると、この途中の寄り道は、ちょっともどかしいものだった。

ところが、どこの図書館にいっても、最後はニューヨークにおちつくと話すと、どの児童図書館員も、「じゃ、ミス・モーアに会えるんですね！」と、ニコニコ顔で言う。私は、その度に、少しあやふやに「たぶん。」と答えた。すると、みんなが「ミス・モーアは、どんなに喜ぶでしょう。それに、あの人以上にいいニューヨークの案内者はいませんよ。方々へつれていっておもらいなさい。私からも、よろしくと言って下さいね。」と、口を揃えたように言うのであった。

私は、その人たちの名まえを忘れないように、あとでこっそりノートに書きとめながら、私が、モーアさんに、そのようにたくさんの「よろしく」をつたえ、またこの大御所をガイドにして、ニューヨーク見物するなどということは、とてもないだろうという気がしてしかたがなかった。

そうして、シンシナティという市についた。すると、なんと、そこの図書館気づけで、モーアおばあちゃんその人の手紙が、私を待っているではないか。日本流にいえば、水茎のあとあざやかというところかもしれないが、手のふるえと、昔流の達筆がまじりあったような、流れるような走るような、みごとなペン字で、一度や二度では読みとれない手紙だったが、はるばる日本からやって来た旅行者を歓迎するものだったことは、たしかだった。

その後、いく日かで、私はニューヨークについた。さっそくロックフェラー財団の事務所にいってみると、ミラー夫人の手紙が来ている。そして、またしても、用事の終りに、「私に会いにボストンにくるまえに、ミス・モーアが、あなたを一目見たいと言っているから、たずねるように。」と書いてあった。

しかし、私は、ニューヨークまでの旅の間、ひるまは図書館、夜は汽車の中という日がつづいたあとだったので、くたびれていて、いろんなことが、面倒くさく思われ、それに、やがて、ニューヨークで見つけなければならない宿のことも気にかかり、あちこち歩きまわっていた。そこで、二度ばかり、モーアさんのホテルに電話をかけ、外出中だったのを幸い（?）モーアさんには手紙をのこして、ロ財団の事務所での手つづきがすむと、ボストンに立ってしまった。

　こうして、私は、ニュー・イングランドが、もみじに埋っている、ある秋の美しい午後、ボストンのバック・ベイ・ステーションに降り、長い間、手紙の上だけでは親しくしていたが、おたがいに写真を送るようなこともしなかった友人と、はじめて、顔をあわした。黄いろい顔の私に目をとめ、いく人かの人の間から、私のほうにやって来たその人は、思ったより小柄で、ずっと年とっていて、髪は、まっ白だった。手紙では若々しく、活動的なので、もっと若く想像していたのだが。

　夫人は、いそぎ足で私に近づくと、きのう別れた友人にでも言うように、むしろ、そっけなく、「さあ、タクシーは、そっちで見つけなくちゃ」というようなことを言って、たがいにあいさつらしいあいさつもなしに、車にのってしまったのだが、それはあとで、ミラーさんの、日本人にも似た、感情を外に表わせない、はじらいの気もちからだとわかった。

　私は、車にのると、すぐ、ニューヨークでは忙しくて（と、私は言わずにいられなかった）モーアさんに会ってこなかったと言った。

　それなら、それでいいんですよと、ミラーさんは言った。

　それから、五日ほどして、私がミラー家に泊っていたときのこと、夫人が私をよんで、よくこの人が、おかしくてしかたがないときする表情だが、泣くような顔をして、吹きだすのをこらえながら、「ミス・モーアから手紙が来た。」と言う。「私が、あなたをニューヨークまで迎えにいかなかったといって、叱って来たんです。あなたに、ニューヨークで部屋さがしをさせたとは、何事だというのです。」「私を子どもだと思っているんですね。」と、私も笑ったが、私は、その時、モーアさんの底ぬけの善意のようなもの、私が子どものころに肉親から感じ、それ以来忘れていたようなものを、ぬっと目の前につきつけられたような気がした。そして、ニューヨークにいったら、すぐ会いにいこうという気になった。

けれど、私がニューヨークにおちつくまでには、まだ間があった。私のつぎの予定は、カナダのトロントだった。トロントで、私は、またモーアさんの手紙をうけとった。

「どうかお前さんが——（モーアさんから、You と言われると、私は、どうしても『お前さん』という気がしてしかたがない）——私とおなじくらい、トロントの『少年少女の家』をエンジョイするように。」と、その手紙には書いてあった。

私は、ミラーさんから、私をぜひトロントの図書館へやれと言ったのは、モーアさんだったという話を聞いていた。そして、じじつ、私は、トロントをエンジョイしていた。とくに、トロント公共図書館の中の児童部、「少年少女の家」を四十年前にはじめたリリアン・スミスさんに会ったことは、いまもありがたく思っている。それまでにまわったアメリカの図書館では、より多くの組織と能率を見たが、トツトツとして語るスミスさんには、人間を感じた。これは、人間がやっている仕事だという気がした。

私は、トロントから、私の感じたことを、モーアさんに書いておくった。この手紙は、かの女を喜ばしたらしい。

二週間後、私は、またカナダからアメリカに帰ったが、ニューヨークは、汽車ののりかえのため、グランド・セントラル停車場から、ペンシルヴェニア停車場へタクシーで突きぬけただけで、ワシントンにいってしまい、それからボルティモアにもまわったから、やっとまたニューヨークにもどったのは、十一月のはじめだった。

もう風もうそ寒い夜、私は、モーアさんをかの女の住むグロヴナー・ホテルにたずねていった。フィフス・アヴェニューをずっとくだって、十番街の大きなホテルだった。

帳場で、モーアさんの部屋に電話をかけると、十階の六番へ、エレヴェターで上ってくるようにと言う。十階で降りると、廊下を途中まで迎えにくるところだった。

ツルのようにやせて、背が高く、黒い絹のひだのあるスカートをつけ、刺繍のある、まっかな、東洋風の上着を着ていた。

「ああ、エレヴェターまで迎えにいこうと思ったのに、お前さんのほうが早かった。」と、私の肩をだいて、さっさと部屋のほうへ案内する。

私より歩くのは、ずっと早かった。朗読になれた人のような、どちらかというと、太いいい声が、うすい頬っぺたの肉にぶつかるように、反響のある独特の発声法で話す。

「旅行はどうだったね？　ホム。ミラー夫人は元気だったかね？　ホム。」

勢のいい合いづちをうちながら、聞いてくれる。

うけ口で、いく分しゃくれ顔で、美しいというのではないのに、妖精じみた感じがするのは、目が、いたずらしく笑っているからであった。私は、よく目が twinkle するというのは、こういうのだなと思った。

その晩は、下の食堂で御馳走になって、――食堂から出るとき、かの女は、入口のデスクのところに出ているペパミントを一つ、ひょいとつまんで、自分の口に入れ、「お前さんも」と言って、私にもとってくれた――それから、また十階にかえり、私は見たことを全部しゃべらされ、かの女は、ニューヨーク図書館児童部の歴史を述べて夜半になった。

それでも、まだ話は終らず、つぎの日、おひるごはんにおいでということになった。

つぎの日、いってみると、十階の部屋についているキチネットで、お料理をしている。「日本人に、ライスを御馳走するのは、心臓だがね。」というようなことを言いながら、出して来たのは、トマトといっしょに煮た、おかゆのような御はんだった。「あとは、何もないんだから、お代りしたほうがいいよ。」ということだったが、ほんとに何も出てこなかった。

その日は、ごはんがすむと、ニューヨークを案内しようと言う。これが、私の大御所をガイドにしてのニューヨーク見物の第一日だった。いったのは、セントラル・パーク。そして、その中の菊の庭。ニューヨークで日本の香を満キッできたことは、意外だった。もっとも、秋のニューヨークは、菊に埋もれているといってもいいほどだが。

バスの窓から、モーアさんは、一々、名所を指さして教えてくれる。そして、その日は、子どものようにかの女に手をひかれて、四十二番街の、かの女が何十年前かにはじめたニューヨーク公共図書館の児童部屋につれていってもらった。

現在の図書館のやり方、そのままには、モーアさんは、まったく満足しているのではないように見える。図書館の運営法が、事務になりすぎたというのであろう。また図書館全体が大きくなりすぎて、児童部の仕事が、片すみにおしつけられたと考えているのだった。時々、冗談のように、「かつて、お話部屋が、お話部屋だった時代には」というようなことを言って、例の目で笑って見せるのだった。五十年前に建った図書館は、私が見れば、びっくりするほど大きな建物なのに、いまは、手ぜまになりすぎて、子どもたちにお話をしてやる時は、何かべつの用に使われている部屋を借りてやっているのである。

「子どものための仕事は威厳をもってやりたいもんだ。」と、いつかも言っていた。チャチなまにあわせ仕事は、賛成できないらしい。

モーアさんが育てたニューヨークの児童図書館員とモーアさんの関係くらい羨しいものはないと思って、私はながめて来た。それは、親子とも、きょうだいともつかないようなものだった。

この人たちから、モーアさんのうわさを聞くのも、おもしろいことだった。これは、私も自分で経験したことだが、モーアさんくらい疲れを知らない人はない。図書館でおまつりのようなことがあって、ワンワン人が集り、若い人が交替で出て、しかもヘトヘトになってしまう時でも、モーアさんは、平気で、よく朝また、早くから、勇んでやってくる。

また、ニューヨークでは、外国からの国賓がくると、パーク・アヴェニューという広い通りにパレードができるが、モーアさんは、たいてい欠かさずその行列を見にいく。お客さんの自動車がくるまで、何時間でも、ベンチの上に立って待っていて、行列がすぎると、まるで楽隊について歩く子どものように、それについて歩くのだそうな。

　聞けば聞くほど、会えば会うほど永遠の子どものような、天衣無縫さにおどろかされた。子どもの可能性については信じて疑わず、その一図さは、うらやましかった。しかし、私は、ニューヨークでくらした四カ月の間、望んだほどモーアさんにちょいちょいあいにいくことはできなかった。でも、よく偶然、思いがけず何かの会で会うことがあると、「あなたは、モモコイシイにあいましたか？　あなたはモモコにあいましたか。」と、そこらじゅうの人に聞き、みんなが日本からアメリカの児童図書館を見に来た人間には会うべきだと信じているようだった。

「おまえさんは、したいことがわかっているんだから、思うとおり、やったり、やったり。」と言ってくれるかと思うと、しばらく、御ぶさたしていると、「いつ私とはあそべるんだね？」などと電話がかかってきた。

　私がニューヨークを立つ前の前の晩、モーアさんは、少しあらたまったらしく、晩ごはんによんでくれた。私だけかと思っていったら、ヴァイキング・プレス社の児童出版部の部長、メシーさんもいっしょだった。この人もおばあさんで七十くらいである。

　私のための送別会なのに、この二人のおばあさん、私がのめないカクテルを召しあがると、すっかり御きげんになってしまって、自分たちは気がつかなかったのだろうが、こっちから聞くと、少しロレツのまわらなくなった舌で、児童文学について大気焔をまくしたてはじめた。英語には、日本語ほど男女の区別がないから、もしもその議論を、そのまま女性語にしないで日本語に訳したら、

「あいつら、ばかやろうだよ、まったく。」

「そんなことになったら、きけんだぞ」

というふうにもなるのではあるまいかと思ったら、私はおかしくてたまらなくなった。

そのよく日、モーアさんは、かの女が卒業したプラット・インスティテュートから名誉文学博士の学位をもらうのだそうで、私をつれていきたいようすだったが、私は、イタリアのヴィザをとらなくてはならなかったため、その晴れの式に出席することができなかった。

モーアさんが、式から帰ったと思われるころ、私はホテルに電話してみた。ずっとお祝の電話が、方々からかかりつづけだと見え、ホテルの交換手は、いつもお話し中だからと言う。しまいには、私の外国なまりで、私だということがわかると見え、交換手は笑いだして「気のどくですけれど、また、今度も話し中ですよ。そのまま、待ってごらんなさい。」

そして、やっと夜おそく、モーアさんに通じると、かの女は、子どものように興奮

アン・キャロル・ムーア（中央）

して、式の様子をはじめから終りまで私に話してしまってから、

「ああ、私はおまえさんを五分も立たしているんだね。もうやめますよ。さっきすっかり書いて手紙をだしたんだからね。それじゃ、さよならって言わないよ。いっておいで。」それで、ガチャンと電話がきれた。

つぎの日、フランス船に乗りこみ、キャビンにいってみると、厚い速達郵便が、私のベッドの上においてあった。例の字で、モーアさんからだとすぐわかった。そして、一つのキャンディの箱を、相客二人がいじりながら、「だれかしらね。アンよりって書いてあったけど。アンて友だちは私にはいないわ。」などと言っている。

「あれ、それは、私のじゃありませんか？」私は、その箱をうけとって見たけれど、ふたりのアメリカ娘たちは、もう包み紙を破ってすててしまってあったので、だれから来たのかわからなかった。

けれども、私は、それを私のだということにきめてしまった。

いかにもモーアさんらしく、赤いペパミントなどがはいっていた。

スロ・モーで、精力はとても八十三嫗におよばない私は、まだかの女に帰国の知らせもだしていない。それでも、別れるとき、「あなたは、私に、むかしおき忘れてきたものを、思いださせてくれた。」と言ったら、満足そうに、「ホム、ホム、それはよかった。」と言っていたから、きっと私の気もちもうけとってくれていると思っている。

「ジョニーはなぜ字が読めないか」

去年の夏、サン・フランシスコに上陸すると、そのよく日から、目まぐるしいくらい、方々の公共図書館の児童部を見につれて歩かされた。うす暗い、だだ広い旧式なのから、ガラスばりの、まるでおとぎの国の図書館のようなのまで、いろいろあった。羨しいのは通りこして、これは、日本とは事情がちがいすぎるという気がしたが、すぐ意外に思ったのは、図書館の人たちがよく口にする「おくれた子ども」ということばと、あちこちの図書館に教科書の書棚のあることだった。ちょうど夏休みで、教科書の棚は、ガラあき。親たちが借りていっているということだった。

また図書館によっては、「おくれた」子どものための本のならべてある棚もある。けれど、この「おくれた」は、精神的に病気のある子どものことではなくて、なかなか字の読めない子どものことだった。よく聞いてみると、最近、読書力の低下が、大きな問題になっているという。

アメリカ、イギリスには、五十年もつづいて読まれている児童文学の古典があるから、親たちは、自分たちの小さいとき読んだ本を子どもたちが、読めないとおかしいと云う。それと、小学校三、四年になって、きゅうに科目がふえてくると、子どもたちが、勉強についていけなくて、親たちが、教科書を借りだして、子どもの勉強ととっくむようなことも、多くなったということだった。

日本で子どものための本を編集していて、つくづく、数の多い日本の文字のむずかしさにまいっていた私は、アルファベット二十六字で、読書力低下とは、何事だろうと、びっくりしてしまった。どうしてそうなったのか、機会のあるごとに聞いてみると、一ばん多いのは、教授法がわるいという答えだった。

忙しい旅で、その教授法というのに、深く立ち入っているひまもなく、アメリカを横断して、カナダのトロントにいったとき、おもしろい会にぶつかった。

トロント市の公共図書館で、オンタリオ地区児童部図書館員の例会があり、トロント市の教育課の課長さんが、二、三人の小学校の先生をつれて出席した。市から来た人も、図書館がわも、みんな女。学校と図書館とで、子どもの読書について懇談しようというわけだった。

五十を出たくらいの課長さんの演説は、人の前で話しつけている人と見え、たいへんうまいように私には思えた。課長さんは、現在おこなわれている文字の教え方について説明し、子どもが、一つのことばの中に、どんないみがふくまれているかを、じっさいに摑むまでは、そのことばを理解したとはいえない。だから、ここ数十年来、ネコということばを教えるには、まずネコの絵を見せ、catという文字を、ひとまとめに教える方法をとっている。これは、科学的にテストして、よしとされた方法である。こうした教え方をしているときに、やたらにわからない文字のられつが、本の中にはいってくることは、望ましくない。だから、教科書以外の本は、学校でならっているよりも、程度の低いもの、つまり、すらすら読めるものを与えるのが望ましいというようなことを話した。

　図書館がわは、何というかなと、私は、おもしろく思って、聞いていた。というのは、トロント図書館の児童部は、子どもに程度の高い本を読ませるので評判であり、児童部の創立者スミス女史は、理想派の人として、きこえていたからだった。スミス女史は、もう六十いくつか。二、三年前に引退して、そのあとには、女史が育てたトムスンさんが坐っていた。が、ちょうどその日は、女史も傍聴に来て、私のとなりに腰かけていた。スミスさん、どんな顔をしているかなと、となりを見ると、かの女、私の方を見て、ニヤッと笑い、やれ！　やれ！　というように、前の列のトムスンさんをつついている。

　トムスンさんが立ち上って、質問した。知らないことばというものは、子どもの想像力をストレッチするものだと思うが、どうか。もし、二年生には一年程度の本、三年生には、二年生程度の本ということになると、子どもは、永久にのびるチャンスを失うものではないか。子どもの頭は、そんなにキカイ的なものではないと思う、といういみのことを、かの女は言った。

するとすぐそのあと、市から来た小学校の先生が立ち上って、じっさいの教室の中のありさまを見てくれというのである。本をらくに読める子は、クラスの五パーセントで、あとの子どもたちは、教科書を読むだけでも、四苦八苦である……

そのあと、またべつの図書館員が、反対論をのべた。

こうして、激論がはじまるかと思ったとき、司会者は、にこやかに、時間が来たので、まことに惜しいことだが、討論はつぎの機会にゆずって、お茶にいたしましょうと、みんなに告げた。

よく日、トムスンさんに、この問題を、また話しあうのかと聞いたら、もうしないでしょうということだった。そして、笑って「けさは、どの学校から電話がかかって来てもいいように、百もの返事を用意して来たのに、一つもかかってこない。」とつけ加えた。

私は、トロントを去ってから、ひとりごとながら、この問題をどうどうめぐりにしておかないで、なんとか解決する方向にむかっているのかしらと心配だったが、ニューヨークの図書館を見学していたとき、そういう動きは、やはり方々におこっていることを知らされた。とくに、興味をひいたのは、コネティカット州のフェアフィールドという町の父母たちの発行した「フェアフィールド小学校における読み方の授業法についての報告書」という、十ページのパンフレットだった。

この報告書は、父親六人、母親四人が委員になって、二年間、専門書を読み、専門家にきき、授業を参観し、また委員同士討論したあとでまとめたものだそうで、この十人は、教育には、まったくの素人。男の人は、技師もあり、家具商人もあり、法律家もあり、テレビのライターもあり、四人の女の人たちは、母親だそうである。この人たちが、着実に問題にとりくんでいった態度、また、問題を、わかりよく説きあかし、これは、個々の子どもたちの能力、性質にもよることで、かんたんな解決法はないとして、こうしたらどうだと、自分たちの考えを、先生たちにも、父母たちにも提案している誠実な態度に、私はたいへん感心させられた。

ところが、少しして、この縁の下の力もち的な報告書とは、べつに、「ジョニーは、なぜ本が読めないか」という本が出たという話を聞いた。この本は、やがて、ベスト・セラーになった。

アメリカの文字の教え方は、きっとこれから、ずっとかわってくるだろう。

子どもの本の出版と図書館という、私の勉強とは、少しはなれた問題だったが、私が、かなり考えさせられたことがらだった。

クリスマスとラーゲルレーヴ

私がアメリカにいったのは、公共図書館の児童部の活動と出版の関係を見るためだったので、ニューヨークにいる間、図書館には、まめに通った。といっても、ニューヨーク公共図書館には、支部が八十近くもあり、あちこちの支部を一週間ずつまわるだけでも、すぐ一月やふた月はたってしまうから、一つ図書館を長く見学したわけではなかった。

私が、できるだけ金もちの住んでいない地区の図書館を見たいと言ったものだから、児童部部長のスペイン女史が、最初にあすこがいいだろうと教えてくれたのは、貧民くつとは言えないが、もうじき都市美化のために取りつぶしになるという一画、東三十一丁目にある、ネーザン・ストラウス支部だった。いく昔か前、ネーザン・ストラウスという牛乳屋さんが、貧しい子どもたちのために開いてくれたものだそうだが、大人の部はなく、青少年だけのための図書館だった。

いってみておどろいたのは、午後になると集ってくる子どもたちが、書棚の前に立っている私を見て、まず外国人だなと思う前に、新しい図書館員だなと思うらしいということだった。まっさきに、十二、三の男の子が、宿題をするのにいるのだけれど、タバコのことを書いた本はないかと言う。私は、図書館員でないから、ちょっと待ってくださいねと言って、主任に聞いて、二つ、三つ、本をだしてやった。そしたら、またべつの子が、こんどは、ヘビのこと書いた本はありませんかと聞きにくる。また、ほかの人に聞いて、さがしてやる。よその国からの見物人も、けっこう、この国際都市の子どもには、利用されてしまった。

じっさい、幼児用のおとぎ話はどこ、やさしい科学の本はどこ、とおぼえるだけでも、私には、二、三日はかかる仕事だったが、そこに働いている図書館員の本をよく知っていることときたら、おどろくほかはなかった。何を聞かれても、すぐその本のあるところに、指が動いてゆく。午後になると、ワンワンいうほど集ってくる子どもを相手に、助手二人、それにその人とだけで、よく仕事を処理していくものだと、かんしんした。

こうして、二、三の支部をまわっているうち、やがて、パーク・アヴェニューにクリスマス・トリーがならび、デパートのショウ・ウィンドウにも、とりどりのクリスマスのかざりつけがされて、人びとの足をとめはじめた。ニューヨーク・タイムスに、いよいよ、ロックフェラー・センターに、大きなモミの木が着いたという記事が出たのも、そのころである。

この大きな、りっぱなビルディングの林立するロックフェラー・センターに立つクリスマス・トリーは、毎年、ニューヨークの名物になるらしく、大勢お上りさんが、まわりにたかっていた。あたりの建物が大きいから、それほどにも見えないが、建物の窓の数ではかってみると、五階か、六階までは、あったろう。

そのころ、私は、フィフス・アヴェニューと四十二番街の角の、中央図書館に移してもらった。ここは、マンハッタン島のほとんど中心地で、いまは、商店街にかこまれている。住宅はほとんどないから、ここの児童部についた子どもたちというのは、あまりいない。けれど、なんといっても、数あるニューヨーク公共図書館の本部であり、長い歴史をもち、蔵書の数が多いから、午前中は、児童文学を勉強する人、外国からの見学者などが、静かな部屋を占領する。また、すぐれた資料をたくさん持っているので、私などは、ここの催し物をたのしみによくのぞきにいった。

クリスマス近くには、学校の先生たち、お母さんたち、おじさんおばさんたちが、ここに陳列されている、その年の良書を見にくる。小さい人たちにやるクリスマスの贈物に、どの本を選んだらいいか、さがしにくるのだ。

私も、ある日、例によって絵本の書棚の前で、あの本、この本と引きだしてみていたら、若い女の人に声をかけられた。何か、子どもたちに聞かせる、いいクリスマスのお話はあるまいかというのであった。ほかの図書館員をよんで、その人の手にこの先生をわたそうかと思って、あたりを見まわしてみたが、四人の図書館員たちは、おとな子どもをこきまぜたお客さんたち（？）にとりまかれ、かけまわっている。そこで、私にできることならと思って、どのくらいの年ごろの子どもにするお話ですかと、聞いてみた。すると、自分は小学校の先生で、一年生をうけもっている、その子たちに聞かせたいのだという。私は、いま見ていたばかりの、ドヴォアゾンという絵かきさんのつくった「クリスマスのくじら」という、おもしろい絵本と、ビアトリクス・ポッターという、イギリスの女の絵かきさんのつくった「グロースターの仕立てや」という絵物語と、二つをとりだして、ことに「グロースターの仕立てや」は、私の知っているクリスマスのお話のなかで、一ばん美しいものの一つですよといって、その人に渡してやった。

するど、少し長いお話もほしいのだけれど、と、その先生が、また註文をつける。私は、カタログの引きだしにいって、ラーゲルレーヴの名をさがした。ラーゲルレーヴなら、きっといいお話があると思ったからだ。いま、本の名は忘れたけれど、クリスマスのお話を集めた本のいくつかに、ラーゲルレーヴの名が出ていた。私は、カタログから、二つばかり書名をかきぬき、では、この本をさがしてごらんなさい、そして、ラーゲルレーヴという名に気をつけて、中をお読みなさいと、その先生に言った。

中央図書館の児童部は、長方形の長い部屋を二つにし切って、入口の近くが、貸し出しをする本の部屋、おくのほうが、レファレンス・ルーム——つまり、そこにいれば見られるけれど、外にもちだしのできない本の部屋になっていた。私たちは、そのとき、おくのほうにいたから、貸し出し部屋のほうに、私の言った本があるかどうか、私は、知らなかった。

いま大勢の人が、本を借りに来ているから、この本があるかどうかわかりませんが、もしなかったら、またここにいらっしゃい、ほかの本をさがしましょうと、私は、その先生に言った。

ありがとうと、先生は喜んで、人ごみのなかへはいっていったが、もどって来なかったところを見ると、本があったのだろうか。それとも、そっちにいた図書館員に聞いて、ほかの本を借りていったのだろうか。ともかく、ニューヨークにいったばかりの外国人が、そこの先生の相談相手になれたというので、クリスマス前ではあり、私はたいへんうれしかったものである。

やがて、クリスマスがすんで、私は、ピッバーグというペンシルヴェニア州の大きな工業都市に移った。そこにあるカーネギー図書学校へ、ネズビット先生の児童文学の講義を聞きにいったのである。ススで黒ずんだカーネギー図書館のすみの一室で、十二人ほどの若い女性たちと聞いたこの講義は、私には、アメリカでの第一の収穫と

1955年、ピッツバーグにあるカーネギー図書館学校で、ネズビットの児童文学の講義を聴講していたころ

思えたほどおもしろく、なぜもっと多くの人が、聞かないのかと、もったいなく思ったものだった。いつか、私がそのことを先生にいったら、先生は笑って、「私には、このクラスは、ちょうどいいサイズだ」と言っていた。

講義は、絵本、民話、子どもの詩というように、児童図書館員が知っておくべき文学の部門を、一つ一つとりあげながら、歴史的に論じていくのだが、先生の声がよくて、話し方がうまくて、私は、時々聞きほれた。そのうち、講義は「お話」に移っていった。子どもたちに話して聞かせる「お話」である。

そのとき、先生は、見本に、おとぎ話を一つ、私たちに聞かしてくださったが、私ははじめて、満足のいくお話を聞いたと思った。それは、わざとらしい声をだすわけでもなく、手まねをするわけでもなく、淡々として――それでいて、声の抑揚一つにも、気をくばっていることは、魔法がとけて、若い娘をとじこめている城壁が、さっと若い男の剣で切られる瞬間、聞き手にハッと息をのませるところにも、よくうかがえたが――私には、まったくなっとくのいく感じがした。

この講義の間に、宿題が出た。一つのお話を、十歳前後の子どもたちに、十五分程度で聞かせられるよう、編集しなおすことというのであった。先生が選んだお話は、ラーゲルレーヴの「クリスマス・ローズの話」であった。

私は、おやおや、またここでもラーゲルレーヴ、とおどろいた。けれど、話を切ってちぢめることは、子どもの本を編集した経験のある私だもの、わけはないと考えた。ところが、宿舎に帰って、持って来た宿題ととっくんでみて、またおどろいた。どこも切れるところがない。それは、神さまは、人の目には、どろぼうと見える、最もいやしい者にも、奇蹟を見せたもうが、却って心おごれる僧侶は、それを見ることができなかったというお話で、たいへんきれいなものだったが、どこをつめたら、原作をそこなわずにちぢめることができるのか、私にはわからなかったのである。

私は、つぎの時間、まったく何も言うことをもたず、先生のさえた料理ぶりを、なるほどねえなど考えながら、見物するばかりだった。そして、ニューヨークの小学校の先生に、このお話の題を教えてあげられたら、よかったのにと、残念に思った。

遠い友を迎える

コルウェルさんは小さい。日本人としてあまり大きいほうでない私よりも小さい。イギリスで、彼女に合ったサイズの服を求めることは、かなりむずかしいそうである。しかし、その小さいからだいっぱいに、誠実さ、「たよりがい」がつまっているように、私には思われる。

コルウェルさんとはじめて会ってから、二十年とちょっとになる。そのころ、イギリスの図書館の児童室は、まだ開拓期にあった。コルウェルさんが困難をこえて、自分の考えを実行に移した、ヘンドン図書館の児童室は、イギリス国内、また国外の、子どもの読書に興味ある人たちの見物にいく場所になっていた。私もまた、見物人のひとりだった。しかし、共通の友だちがあったり、コルウェルさんが「お話」の名手であり、私がそれを聞くのがすきであったりしたことから、私は、いつのまにか、彼女の個人的な友だちの環のなかにはいっていた。

よく私は、自分にわからないことがあると、コルウェルさんに手紙を書いた。たとえば、私の家でやっている文庫のやり方のこと、お話の選び方についてなどである。するとたちまち、コルウェルさん特有の、くりくりとした、きれいな字で返事が返ってくる。

「あなたは、いそいで返事がほしいんでしょう。だから、こんな走り書きだけれど、ほら！」などと、隣家のひとが郵便受けに入れていってくれるような手紙のときもあった。

五年ほどまえ、コルウェルさんが、児童図書館員の職から引退し、図書館学校の先生もやめられたころ、彼女の家に泊まったことがあった。レスターシャー、ラフボロの静かな一画、近くに住む、兄上の未亡人、いっしょに住む妹さんの二人を、小さなコルウェルさんが、自分の羽根の下にあたためて、清楚に生活しているというけはいを私はうけた。それでいて、五分のひまでもできれば、すぐはじめられるように、彼女の机の上には、やりかけの仕事がきちんと載っていた。コルウェルさんは、本の編纂に、講演に、「お話」の講習会にと、まだまだ、じつに忙しいひとだったのである。そのような仕事のあいだから、私の質問への返事は送られてきたのだった。

彼女の日本へのはるかな旅が、私たちにとって実り多いものであるようにと、祈らずにいられない。

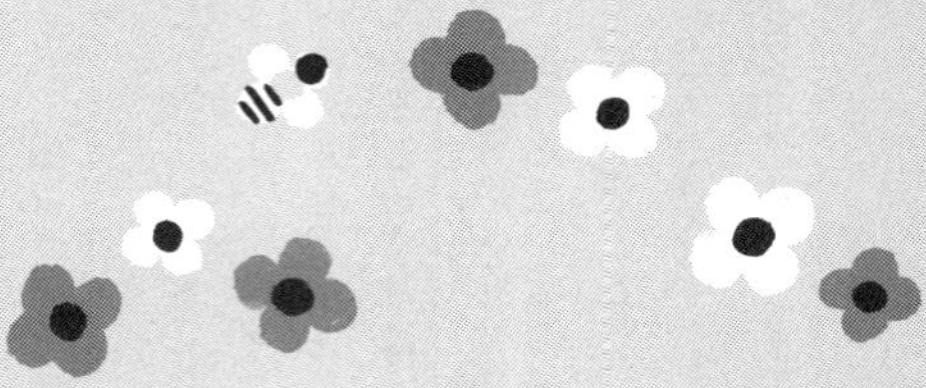

子供のためのブックリスト、ふたつ

子供のための「良書百選」というと、すぐ頭に浮かんでくるのは、キャロライン・M・ヒューウィンス女史の A Booklist for Boys and Girls である。アメリカの少年文学研究書のなかに、何度もその本の名を見、また、いかに女史の名が敬愛の念をもって挙げられてあるかを見るにつけ、そのリストに挙げられている本の名を知りたいものと思っていた。しかし、一八八二年に出された、この「良書のすすめ」は、いまは、アメリカでも博物館ものであるらしく、私がやっと接し得られたのは、一八九七年にハートフォード・パブリック・ライブラリーから増補して出されたものに、更に一九〇四年に増補改訂されたリストであった。このリストは上野の図書館にも、一部来ている。

それは、四十頁ほどの見ばえのしないパンフレットであるが、女史のあとから続いた人たちのことばを借りれば、まさにアメリカの少年少女の読書指導のためには、「ゆく手の光」となったものであった、実は、私ははじめてそのパンフレットを手にしたとき、その表面の古ぶるしさにひきかえ、内容の新しさにおどろかされ、何度もそれが五十年前に出されたものかと、ページをくって確かめずにはいられなかった。十九世紀の終わりごろ、アメリカでは児童文学の黄金時代と言われるくらい、玉石とりまぜて、たくさんの本が出たらしいが、そのなかから、いまも新しい良書を選びだしたヒューウィンス女史の目は、それほどたしかだったわけである。

彼女はそのリストを、アメリカのいなかの、小さい図書館のため、また父母のために編んだ。そして、心をひろめ、想像力をのばし、自然に対する愛を目ざめさせ、昔からの人類の遺産をつたえるに適当な本を選んだと、その趣旨のなかにのべている。女史の図書館員としての経験から見ると、百人の児童のうち、九十人は、娯楽として読む本のほか、自分から努力する本を読もうとはしない。しかし、百人のうち九十人は、指導により良書をカン賞し、高い程度の本を読むことができる。けれども、自然にその力を自分の内にそなえて生まれてくるものは、百人に一人ということである。また、その当時の情勢のなかで、図書館に購入し得る本を選び出すのは、五十冊に一冊だと言っている。

ヒューウィンス女史のいるところ、どの図書館の子ども部屋もおとぎの部屋になったと言われるほどで、良識ある、芸術味ゆたかな婦人であったらしいが、彼女のあとからつづく人たちに、彼女のたてた高い標準をゆるぎなく残すためには、勇気も手腕もなければならなかった。彼女の勇気を示す挿話の一つは、彼女が、「トム・ソーヤーの冒険」が世にあらわれるや、すぐそのリストに取り入れたということであった。いまでこそ、この浮浪性を持ったいたずらっ子の物語は、世界の少年文学の最高峰の一つと数えられているけれど、そのあらわれた当時は、家庭から、教会から、また図書館員たちからさえ危険視され、「ニュー・ヨーク・イヴニング・ポスト」さえも、これを子どもたちに与えることには異議を申したてた。しかし、女史は、それをリストからひっこめなかった。そして、マーク・トウェーンが書かずにいられずに書いたこの小説は、ついに世論を裏ぎって、いまも元気に生きつづけている。子供に害をおよぼすのは、安っぽい、人生に根をおろさない、生命をもたぬ本だというのが、彼女の主張だった。そうだとすれば、彼女のリストのなかに、いまも私たちに親しい本がたくさん見出されるのは、ふしぎではない。

このリストは、

Fairy Tales and Wonder Stories
Stories of Home, School, City and Country Life
Poetry, Selections from Literature
Indian and Ranch Life
Travels and Foreign Countries

などの項目にわかれ、著者名、書名、発行所、定価があげられ、読書指導者のための解説がついている。「若草物語」や「小公子」がまだ「古典」ではなかったころ、女史が同時代人として、これらの物語を批評したことばも、興味ふかく思われる。たとえば、「アンクル・トムス・キャビン」には、“Good, but sometimes too exciting for those of sensitive nature”と注意し、「若草物語」については、「スタイル」の欠点を指摘し、小公子には、sensational plot の難があげられている。

このリストのなかに見える、いまも私たちに親しい名は、グリム、アンデルセンなど、あまり知られている名をのぞいても、ジェイムス・ボールドウィン、エビー・ブラウン、ルイス・キャロル、ホウソーン、キプリング、ラング、ジョージ・マクドーナルド、ハワード・パイル、ストックトン、スカダー、バーネット、マーク・トウェーン、オルコット、メリー・M・ドッジ等々、挙げれば、きりがなく、つまり、女史の選んだ本は、今日、少年文学、児童文学の古典として残っているわけである。

こうして、「のび得る」九十人の子どものために標準をたてた女史の業績は、先日、ニューヨーク・パブリック・ライブラリーから隠退したアン・キャロル・ムーア女史その他に受けつがれ、現在では良書スイセンのリストは、私たちの目にはいってくるだけでも、それこそ「まいきょ」にいとまがない。その大集成が、Wilson Company “Children's Catalogue”であり、B・E・ミラー夫人とE・ホイットナー・フィールド夫人編の“Realms of Gold”と“Five Years of Children's Books”のように、私には思われる。いま、両方について長く語っていることはできないが、どちらも、ひと抱えもあるボウ大なもので、ここ百年間の英米、またほん訳のあるものは、他国のものも、少年少女のための良書の名があげられているし、どれが第一義的なものか、予算の少ない図書館で是非買わなければならないのは、どの本かということがわかるようになっている。後者は、ただのリストにとどまらず、挿絵もあげられ、児童本に於ける挿絵の重要さが力説され、英米児童文学のたどって来た道すじについても、作家の小伝記や書評のうちに、愛情のこもった解説をつけている。

これらが、アメリカの富と人材を反映する良書スイセンのリストとするなら、いま、私の机の上に、それとおよそ対セキ的な小さいパンフレットがのっている。マルゲリット・グルーニィ及びマティルド・レリシュ女史編の“Beaux Livres, Belle Histoires”である。これには、パリのd'Heure Joyeuse図書館員の手で選ばれた、フランスの少年少女のための本が二千冊あげられている。

項目は、

絵本　おとぎばなし　伝説　小説　記録　外国文学

すべての項目のものが、年齢で分けられ、特にスイセンすべきものは、太字で印刷されている。ある種の子どもには、特に興味ふかいものというのも、しるしがつけられている、これは、この図書館の二十五年の研究の集成であり、最初一九三七年に発行され、第二次大戦を経て、新たに一九四〇年に出された、この図書館員の努力の結晶というべきものである。戦争中、また戦争後の物資欠乏中、毛布を着、手足にあかぎれをきらせた時代に、子どもたち、図書館員、また出版社、印刷所に働く人びとの作りあげた資料にもとづくものと聞くだけに、それは、まことに〝Beaux Livres, Belle Histoires〟と称えたい気がする。忍耐と勇気と愛情なくしては、こういう仕事はできない。

最近、アメリカからヨーロッパへ、児童本の視察にいった若い婦人の旅行記に、アメリカから子ども図書館のない国々へはいることは、暗い部屋へはいっていくようだということがでていた。早くに日本でも、このまだ暗い、寒い部屋をあかるくしなければならない。

海外児童図書の出版事情

二年ばかり前に、海外の児童図書がどんなふうにつくられているか、またどんなふうに受け入れられているかを見に、アメリカにゆき、それから、ドイツ、イギリスと大いそぎでまわってきました。そして、スピードの国で子どもの本をつくっている人たちの仕事ぶりが、日本人のそれとくらべて、たいへんゆったりしているのにおどろいてきました。

これは、もちろんそれらの国の経済の根が、日本よりもずっと深いということにもよりますが、やはり、合理主義であるかれらのこと、私たちの場合よりも、本を出すがわと受け入れがわ、また販売方法の調節をうまくやって、出版を安定した基礎の上においていると感じないわけにいきませんでした。

私が、主に見て歩いたのは、アメリカです。そして、出版界といっても、児童図書の方面ですから、これは、大人物の出版物の場合とは、かなりちがっていると言わなくてはなりませんというのは、大人の本の場合は、ベストセラーズなどをねらい、かなり、投機的な面があるように見えましたが、児童図書は、そうしたさわがしい圏内からはずれて、一層着実におこなわれているように思いました。

アメリカの大きな出版社では、すでに独立した児童部をもっているものが、三十ほどありましたが、これまで持たないものでも、どんどん児童部を新設していく傾向にありました。これは、子どもの本が、近年、いよいよ売れゆきが多くなっていることを示しています。私がいった年、V社では「どういうわけか、近来にないほど儲かった。」と、編集者はもらしていました。子ども本の景気が、こんないい原因は何かと、いく人かの編集者に聞いてみましたところ、アメリカ全般の景気のいいこと、また人口の自然増加、公共図書館と学校図書館が併立するようになったことが、大きな役わりを果しているだろうと、かれらは言っていました。アメリカは、第二次大戦中も、またそれからも、早婚の傾向にあるため子どもが、たいへんふえています。それで、学校の校舎がたりず、ここ十何年か、いくらスピードをかけてやってても間にあうまいということでした。

こうして、好景気や人口増加によって、児童図書が売れるようになったといっても、アメリカでは、個人が自分の本を買う率は、日本よりずっと少ないのです。では、どこへ売れていくかと言えば、第一が公共図書館、第二が学校図書館です。

アメリカの町々を歩いていて、びっくりするのは、本の小売屋のないことです。そのため、日本からいく人のなかには、アメリカ人は、本を読まないと言いきる人がいますが、これは、そうかんたんに割りきれない問題です。漫画本や新聞、週刊雑誌などを、キャラメルやアイスクリームなどと一しょに売っているドラッグ・ストアは、日本の本屋以上に、町の角々にありますし、また、ここでは、そのような雑誌以外にいわゆるポケットブックもたくさん棚にたてかけてありました。（余談になりますが、このポケットブックは大部分、センセーショナルなエロ本みたいな表紙のついたものですが、その表紙にだまされて素通りすると、その中にヘンリー・ジェイムズのようなむずかしいものまでまじっているのです。私の知りあいの人も、ドラッグ・ストアのポケットブックと言って、ばかにしちゃいけない、気をつけて見ると、なかなかいい本があるから、自分は、安い本で間にあう場合は、ドラッグ・ストアをさがすのだと言っていました。）

アメリカの子どもたちが、十セント、二十セントのお小使いをもらって、漫画本を買いにいくのは、こういうドラッグ・ストアです。しかし、その子どもたちが、そうした漫画類を「本」と思っているかどうか。それを直接子どもたちに聞いてみないで残念なことをしましたが、おそらく、この子どもたちの頭のなかで、この漫画類とBookは、はっきりわかれているのではないでしょうか。「本」といえば、かれらには、誕生日やクリスマスに、父母やおばさんたちから買ってもらう高価なものなのです。

私もいってみておどろきましたが、最近とみに美しくなり、高価になり、一冊二ドルとか三ドルとかいう値だんの単行本は、アメリカ人にとっても、そうやたらに子どもに買ってやれないものでした。自分で何十冊という本をもっている子は、ごく特殊な家庭の子どもたちです。

では、出版社でもおどろいたほど児童図書の売れゆきが、なぜおこったかといえば、もちろん、さっき言ったように図書館の完備です。図書館があるために、アメリカの児童図書の出版はなりたっていると言っても、うそではない状態でした。

いったい、出版された本の何割が図書館へいくのかと思って、何人かの編集者に聞いてみましたら、人によって返事はちがっていましたが、五十パーセントから七十パーセントの数字をあげていました。これは、私たちには、おどろくべき数字で、日本に帰ってから、ある出版社の人に話しましたが、呆れたような、信じられないような顔をしていました。こんな安全な商売があるかというのです。

私も、それとおなじようなことを、編集者にいったことがあります。しかしその人たちは、「ええ、いい本を出していさえすれば、安全な商売ですよ。けれどもそれがなかなかむずかしくてね。」と笑っていました。

あちこちでのぞいた編集室風景を一、二お知らせしてみましょう。

V社は、児童図書の出版をはじめたのは、かなり古く、編集者のMさんは、もう七十くらいの独身のおばあさん。学校の先生をしたこともあり、図書館員をしたこともあり、編集者生活は三十年近くという古強者でした。

最初にV社を訪ねた時、おくまったMさん専用の小部屋に通されると、ヴィクトリア女王をやせさせたような、品のいいMさんが、いいよいよいのようにふるえて坐っていたのには、おどろきました。私は、疲れさせてはわるいと、ちょっと話しただけでひきあげてきましたが、あとでほかの人たちに聞いてみると、Mさんは、神経の病気でもう何十年もふるえているので、中風ではないから、そんな心配はいらないということでした。それで、やっと安心して、その後も数回、V社の事務所にゆき、仕事を観察させてもらいました。

ここの児童部は、小さい二、三の部屋を独占して、大人の部から独立しています。(これは、ほかの出版社もほぼおなじでしたが、やはり出版社の格によって、部屋も、倉庫を片づけたように見えるものやら、個人の家の部屋のようにしっとりと飾りつけたものやらありました。V社は、さすが老舗らしく、応接間など、ふつうの書斎さながらでした。)編集者の部屋はごく小さくて、ここは大机といっしょに、Mさんが一人で占領し、そのとなりは、かなり大きい部屋で、Mさんの秘書、それに、リーダーと言われる原稿を読む人、それに、最近Mさんの助手として入社したNさんが働いていました。Nさんは、少し前に御主人をなくし、働きに出た未亡人でしたが、若いころ図書館員として、すぐれた読書指導の腕前を知られていた人でした。(たいていの社では、児童部は三人で、ここでは、一人多いのです。Mさんは老齢のために、助手をつけられたのでしたが、Mさんは、編集のような仕事は、長年やっているほど腕があがる、年には関係ないと、ふとした折にもらしていました。)

こうした人員で、一年に出していく本が、絵本や科学物まで、三十冊ほど。そして、春秋二期に分けて出されます。本の売れるのが、復活祭前とクリスマス前だからということでした。この事務所に、一年間に集ってくる原稿の数は、大体千五百か二千。

このような原稿は、ほとんどの場合、日本などとちがって、何々先生の紹介ということで持ちこまれるのは少なく、全国の未知の人からの投稿です。このようなやり方は、イギリスやドイツの場合も同様、たいへん事務的におこなわれていて、人情味の勝った日本式よりも、私には、さばさばしていて気もちよく思われました。

そんなたくさんの原稿を読んでたいへんでしょうと、私があるリーダーに言いましたら、かの女は、「いいえ、子どものものは短かいのが多いし、それに九十五パーセントは最初だけ見ればわかります」と言っていました。また、これは、かの女たち自身気がつかないことかもしれませんが、あちらの原稿が、ほとんど全部、きちんとタイプライターで打ってあるということも、原稿読みをらくにする大きな原因でしょう。

さて、この九割五分の、物にならない原稿は、編集者とリーダーの話し合いで、

「残念ながら、本社では」という返事をつけて、筆者に送り返されます。しかし、あとの五分については、編集者自身、真剣に検討し、返すべき物は批評をつけて返し、また書き直したらよくなりそうに思う物には、そのように注意をつけてやります。

その取り扱いは、いかにも事務的ではありますが、しんせつなものでした。

ボストン。L社を訪ねた時、編集者Jさんが、まったく未知の新人との間にとりかわした手紙を見せてくれました。Jさんも、二十年も児童図書出版に従事してきた人で、なかなかの腕ききでしたが、なぜ作中の人物が、こういう動きをしなければならないのか、不自然に思えるが、という批評をつけて、作者に原稿を返していたのでした。すると、作者は、なるほど、あなたの言うとおりだ、そこは書き直すという返事をよこしていました。そして、何度かそれをくり返して、結局、その原稿は物になったとのことです。

しかし、編集者にも、もちろん、個性がありますから、A社でことわられた原稿が、B社で出るということはあるようです。(大人の本の場合ですと、エージェントといって、手数料をとり、原稿を出版社、映画会社へ売りこむ周旋業がありますが、子どもの本は、確実ではあるかわりに、ベストセラーズなどになって、ぼろい儲けをすることがないため、ほとんどエージェントは取り扱わないようです。)

また、そうして集ってくる原稿のほかに、一つの出版社には、その社専属になっているような既成作家があり、その人たちの本も、毎年いくつかは出していかなくてはなりません。そこで、編集者としては、毎年、新しい作家をいく人か発掘することは、大きな喜びではあるが、それと同時に、古い作家たちをはげましていい本を書いてもらい、毎年出していく本をバランスのとれた二、三十冊におさえるのに、大きな苦心がいるということでした。ちょうど何度めかでV社を訪ねた時でした。

絵本作家として名のあるロバート・マクロスキーの本の下書きがきていました。絵本は、アメリカでは、大体の構想ができると、文も絵もそろえ出来あがりとおなじ大きさとページ数の見本をつくって、編集者に見せる場合が多いようでした。この見本をダミーと言っていました。Mさんは、ふるえる手で、マクロスキーのダミーのページをめくって、「おもしろい、おもしろい。」とクスクス笑いだしながら、「この人、スペリングがだめなんだよ。」と、書きこんである文字のつづりをなおしているのには、私まで吹きだしてしまいました。

こうして、絵本がオーケーときまると、ダミーは作者（このごろは、文も絵も一人で書く作者が、いよいよ多くなってきました）の手もとに送り返され、作者は、それから、本式に絵の製作にとりかかります。その絵のかき方は、日本とたいへんちがいました。絵の色分けを、全部、画家がやるのです。つまり、四色の絵ですと、画家は、アセテートと言っている、すき通る紙のようにうすい板の上に、一ページについて、赤、黄、青、黒というように、自分の使う色を四枚にかき分け、それを重ねた時は、まともな一枚の絵になるようにするわけです。

こうした色分の工程は、日本では印刷所でやるのですが、それを画家自身にやってもらうわけは、印刷費の節約の意味もありましょうが、できた絵が画家の意図する原画とかわらない効果をだすためということでした。もし四色で三十二ページの絵本ですと、一二八枚のアセテートにかき分けるのですから、容易でない仕事ですが、それを名のある画家たちが、エイエイとしてやっているのにもおどろきました。

これは、やはり、児童図書が、画家にとっても、たいへんいい生活の基盤であることを物語っています。

先日も、アメリカからの見学者が、日本の児童文学者の生活はどうかと聞きますので、なかなかじっくりした仕事のできるほど安定していないと話しますと、アメリカでは、その逆だ、かれは、おちついて仕事をしている。だから新しく児童文学者の仲間に入りこむのは、たいへんな競争だと言っていました。

それは、結局、児童図書出版というものが、図書館に保護されているといってもいい立場にあること、その図書館には、編集者とおなじく、二十年、三十年の年季のはいった図書館員が、じっさいの子どもの反応を考慮に入れた批評活動をしていることからくるのではないかと、私には思えるのです。

イギリス、ドイツにいかないうちに枚数が終ってしまいました。何れまたの機会に。

アメリカの子ども図書館

一昨年から昨年にかけて、児童図書の出版と児童図書館のようすを見るために、欧米三、四カ国をまわってきました。

なんといっても、公共図書館（市民の税金や寄付でまかなわれていて、そこの住民ならば、無料で利用できる）の発達しているのは、アメリカですから、見学期間の大部分は、アメリカですごしました。

いく前から想像していたことではありましたが、アメリカの公共図書館の活動は、なかなか、たいしたもので、日本などからいきますと、何か図書館という組織そのものが、油がついてすべりだしているような感じがしました。市町村、すべてのところに図書館があるのは常識であって、大都市になると、どのくらい予算が図書館のために使われているのでしょうか。予算獲得には、館長さんは、市町村会議につめかけて、胸をわくわくさせながら傍聴するのだということをききました。なんにしても、大きい世帯の都市の図書館は、莫大な費用を使うことはたしかで、ボストンでは、ボストン公共図書館の一年の予算を市民の頭にわりあててみると、一人四ドルほどにあたるということでした。

近ごろの都市は、郊外に新しい工場ができたり住宅計画があったりすると、人口がかなりはげしく移動することがありますが、そのような時、アメリカの公共図書館は、新しくできた大アパートの一室を図書館の支部にするとか、自動車の巡回図書館をそこにまわすとかして、つねに市民のあとを追いかけ、かれらに本を貸しつけよう、読書の世界にかれらをひきこもうとしているのには、おどろかされました。

児童図書館は、アメリカでは、おとなの図書館と独立してあるのは少なくて、このような公共図書館の一部として活動しています。ニューヨークとか、シカゴのような大きな都市になりますと、中央図書館が、いわば、心臓部で、都市のあちこちに、出店ともいうべき支部が何十（ニューヨークでは、マンハッタン島とブロンクス地区だけで、支部が八十あったと思います。）もあって、それが、成年部、青少年部、児童部と分かれて、それぞれの独立した部長のもとに活動しています。

あまりガラス張りのおとぎ噺の国から生まれたような、最新式の図書館ばかり見学しても、日本の事情とかけはなれすぎていますから、私は、ニューヨークなら下町、いなかならば、貧乏な村というようなところの図書館を志願しては見学しました。

寒い冬の一週間を、タンプキンス・スクウェアという、ニューヨークでは最も古くオランダの移民が開いたという、由緒はありますが、いまは、生活程度のひくい移民のたまりのようになっている地区の支部に通ってみました。四、五階の煉瓦建ての、煤けた住宅が、あたりいっぱい立ちならんでいて、表通りの階段に立って、表を見ている老婆たちも、「シ、シ！」などとイタリー語で通りかかりの人と話したりしている風景が、そこらじゅうに見られ、おや、ここは、アメリカではないのではないかという錯覚さえおこしそうな場所でした。

図書館は、やはり、そうしたアパートの一階と二階の一部を借りていて、一階がおとなの部と青少年部、二階が子どもの部屋になっていました。児童部の主任さんは、メイスン夫人という五十くらいの婦人で、この地区の子どもたちと二十五年を共にしたという人でした。ですから、この土地の子どもたちは、すっかりなじみになって、気風もよくのみこんでいるわけです。助手は三人、そのうち一人は、訓練をうけた児童図書館員でした。この四人が、午後になると、学校がひけて本を読みにきたり、借りに来たりする子どもたちを相手に、てんてこ舞いの盛況です。

そのにぎやかなこと。私は、図書館では、足音もしのんで歩くようにお行儀をしつけているように聞いていましたが、それは、むかしのことで、たのしみに本をよみにくるんだから、わざとさわがしくする子どもなら、ともかく、けっしてコチコチのお行儀はしこまないということでした。

この図書館に登録（本を借りたいということを申しこんで、カードをもらう）をしている人たちを、人種的に見ますと、何年か前の調査では十九カ国の移民がいたそうです。ですから、読書力はまちまち。それを、お話の時間を設けたり、人形芝居を見せたり、また季節季節（クリスマスのような時）には、特別な催しものをしたりして、読書へひっぱっていくわけです。毎木曜日の午後には、二歳から五歳までの子どもが、お母さんにつれてこられて、メイスン夫人のお話を聞いていました。お話といっても、そんな幼い子どもが相手のことですから、まことにたあいないものです。日本でいえば舌切り雀やウサギとカメのような、または、もっとかんたんなお話を、夫人を前に、半円形にならんだ幼児が、おとなしくしているのもあり、わき見しているのもあり、お話の中に歌が出てくると、小さい手をふりあげるのもあり、三十分ほど聞いて、部屋のべつのすみに待っているお母さんたちに渡されるのです。すると、お母さんたちは、何冊かの絵本を借りて帰っていくというしくみです。

感心するのは、このような児童部の主任が、書棚にならんでいる本をじつによく知っていることです。年季がはいっているといえば、それまでですが、幼児から、小学校卒業までの子どもを相手にして、こういう本がほしいと言われたら、すぐにそれに相応するものをだしてやらなくてはならないのです。

ある日、子どもが、少し多いような感じがしましたので、そのよく日、きのうの貸出は、いくらあったかと聞きましたら、五七三冊だということでした。

児童図書室は、午前中はわりあい、ひまですが、その時には、図書館員は、手わけで学校を訪問したり、または学校の生徒をクラスで図書館につれて来てもらったりします。つまり、これが、外への働きかけで、これは、一学期ずつ、その地区にある学校と連絡をとって、プランをたててしまうもののようでした。

ニューヨークではありませんでしたが、ある市で、こうした図書館員の学校訪問についていったことがあります。図書館員は、本を五、六冊用意していって、学校の授業時間を、一クラスについて、二十分くらいずつもらい、子どもたちに話します。内容は、図書館というものの働き、それから、もっていった本の説明などですが、ブック・トーク（本のお話）は、筋書を半分ほど、とてもじょうずに話して、あとどうなるだろうな、というところでやめて、これは、こういう人の書いた、こういう題の本です、あとは、じぶんで読みなさいねと切りあげるところなど、うまいものでした。

こうして、本と子どもとの間の仲介者として働くほかに、もう一つ、児童図書館員のだいじな勤めは、児童図書の批評家としての役わりだと思います。

一つの公共図書館に属する児童図書館員は、たいてい月に一度か、二度集って、いろいろな事務の運営について協議するわけですが、その時に、注文すべき本の討議も、かなり重要な仕事になっています。出版社からは、新しい本ができると見本が送られてきます。するとニューヨークのような大きな図書館ですと、その本を、一冊について、二、三人の図書館員がまわし読みにして、評をつけ、部長のもとへ返します。月の例会の時に、それについて話しあい、注文すべき本はする、よくないと思われる本は却下されるわけです。長年、子どもたちを相手にしてきたこの人たちの地についた意見が、出版社にとっては、大きな関心事であるのは、もちろんです。

　さて、注文された本は、各支部の書棚におさめられて、実地に子どもの読者に見参し、その本が成功かどうかが、カードにはっきりした結果になってあらわれてきます。そうした結果の集大成がアメリカ各地の大図書館から出ているすいせん図書目録です。

　しかし、こんな完備したことのできない、小さい村の図書館ではどんなことをしているでしょうか。私が、見にいった一ばん小さい図書館は、カリフォルニアのバークレイ市のいなか、アラミーダという郡の一部落にある掘立て小屋のような建物でした。りんごの木にかくれて見えないくらいのこの図書館は、ちょうど夏休みでしまっていました。が、一しょにいった郡図書館のリトルさんが、わきの農家へはいっていって、おだやかなようすのおばあさんを呼んで来ました。この人がこの図書館の主任さんでした。この村には、じぶんの村の図書館員を雇うだけの余裕がありません。そこで、この老婦人が、篤志家として図書館員の役目をつとめ、本はじぶんたちで買う場合もあり、多くは、郡図書館から、配給してもらいます。夏休みでないときは、いつも二冊ずつ子どもに貸すのだが、お休み前には、五冊貸して、閉鎖したと、その老婦人は言っていました。

このような小さい図書館では、村のだれかが、どういう本がほしいと言って来た場合には、郡図書館へ、葉がきをだせば、月に二回くらいのわりでまわってくるついでに、それをもって来てくれるしくみになっていました。郡図書館のつとめは、こうした小さい図書館に、図書館員と本を供給することです。大きな自動車に本を積んで、村々をまわり、新しい本をおいては、前においていった本を回収していきます。

こうした巡回図書館は、あちこちの図書館でとまり、小学校でとまり、山をこえ、谷をくだって、一日じゅう走りつづけます、冬のあいだでも、きちんとした建物のなかに働く女子図書館員――そして、図書館員というものは、アメリカでは、大部分、女です――は、ズボンをはくことを許されませんが、自動車図書館のなかに働く人たちだけ、ズボンをはいていいことになっていたのを見ると、これは、相当くるしい仕事なのにちがいありません。

マサチューセッツ州の郡図書館の自動車にのって、秋のある一日、あちこち、まわってみました。

満目紅葉の時期はすぎていましたが、秋晴れの日で、何とかトレイルという、むかしインディアンの道であったという峠をこえたりしていくうち、山から、シカが走り出てきたりしました。

その日とまった、ある小学校は、二部屋きりなくて、一部屋が一年から三年まで、もう一部屋が四年から六年まで。全部で六十人くらいでした。自動車は、早速図書館に早がわりして、子どもが一クラスずつ出ていって、前に借りた本を返し、また新しい本をだしてもらって、教室にもどります。生徒がまた教室にそろうのを待って、児童図書館員は、お話をはじめました。その時のお話は、たいへんおもしろくて、生徒も先生も、見学していた私も、みんな一しょになって、大笑いしたのをおぼえています。

児童図書館員にとって、お話というのは、子どもに近づくためのだいじな道具です。図書館学校では、児童図書館を志望する人たちに、お話（ストリー・テリング）のコースをおさめさせます。それは、お話そのもので子どもを喜ばせるということよりも、お話を聞いて、本に興味をもたせることが目的ですから、お話の選択には、多分に文学的な配慮がはらわれています。しかし、その問題はともかくとしても、いわゆる、声色入りでない、訓練をうけた、しずかなお話を聞きながら、まことにすがすがしい気がしました。

このようなゆきとどいた児童図書館をもっていても、アメリカでは、だれも知るように、子どもの買う漫画は、おそろしい数にのぼり、その弊害は、声を大きくして叫ばれています。しかし、いろいろな問題をふくめて考えてみて、なお、注目しなければならないと思うのは、アメリカ児童図書館の利用率は、年々ましていって、児童図書の出版は、最近いよいよ活潑になってきているという事実です。そして何よりも羨しく思ったのは、何度も聞かされたことですが、「子どもは、けっきょく、いいものは、わかるんです」という児童図書館員が子どもたちにもっている信頼感でした。

児童図書館の条件

児童図書館は、子どもに本を読ませるところです。

「児童図書館」ということばをきくと、私の頭には、子どもの喜んでいる声のきこえる、色のついた、あるたのしい部屋の光景がうかんでくるのですが、理想と現実のあいだには、さまざまな問題が横たわっているようです。しばらく前、私が外国の児童図書館を見てまわった時、

「むずかしく考えることはない。本と人があれば、いい図書館はできる、ガラスばりの建物やお子さま椅子はなくてもいいのだ。」

と、はげましてくれた児童図書館員の先達たちが、いく人かいました。じじつ、その人たちは、いまから四、五十年前、ほとんど何もないところから、子どものための図書館のレールを敷きはじめたのです。その人たちのなかで、一ばん心のふれあった、トロント市のスミス女史に、私は、つぎのようにきいてみました。

「では、あなたが、最初にこの『少年少女の家』をはじめた時、じっさいにやったこ

とは何でしたか？」

スミス女史は、もうじき七十ですが、カナダの児童図書館の草分けといえる人で、数年前隠退してあらわした「The Unreluctant Years」は、児童文学に関する批評書ちゅうでの名著として知られています。アメリカの図書館学校を卒業して、トロント公共図書館のなかに、「少年少女の家」を創造するために赴任した時、かの女は二十台の若さでした。

「じっさい、私がしたのはね、本を破くことでしたよ。」と、白髪頭のスミスさんは笑っていいました。「私の考えるようにしてよいという館長の言質をとりましたからね、そのころ、図書館の一部に子どもむけとしておいてあった本を、一冊一冊、読んでみて、気にいらない本は、全部とりはらってしまったら、本棚ががらがらにあいてしまったんです。それを、また時をかけて、一冊一冊ふやしていったんです。それから、毎日、小学校をまわって歩いて、先生に時間をもらって、子どもたちにお話をして歩いたんです。」

「なかなか、お話というのが、じょうずにできなくて……」と、私がいうのをきいて、スミスさんは、

「私だって、へたですよ。だけど、あなた自身、語りかけるものをもっている時、子どもは耳をかたむけるものです。」

むかいあって話していても、なかなか思ったとおりのことばが出てこないと、首をふっては、いいなおしをするというようなスミスさんを見ていると、スミスさんが、いわゆるじょうずなストーリー・テラーでないことは、すぐわかりました。けれども、スミスさんは、その数少ない「本と人」をもとに、児童図書館としては世界に名のびいたトロント公共図書館の「少年少女の家」を築きあげてしまったのです。トロント児童図書館の本の選択標準は、ひじょうに高くて、アメリカでは「あれは、じっさい的でない」と評する人もいましたが、スミスさんは、

「ほんとに、ここへくる子は読むんだから。」

といって、一歩もゆずりませんでした。

外国での話がながくなりました。

しかし、この話しあいの後、五年の年月がたって、その時いわれた「本と人」ということばの重みが、いよいよ身にしみます。この最少限度と思われる条件のなかに、なんと多くのことが要求されているでしょう。

本についていえば、図書館である以上、そこにおく本は、ある程度の標準以上のものでなければなりません。そこにある本は、どんないみかで、子どもたちを養ない、日のばすものでなければならないからです。しかし、教育的ということばのために、日本でおこなわれているまちがいで、大きいものが、一つあるように思われます。子ど

もの本をむやみに学習、あるいは、学校の成績に結びつけたがるおとなの考え方です。子どものための文学にはいる本にまで、本の読み方、読んだあとに答えさせる質問などがついているのは、なぜでしょう。せめて公共図書館は、のびのびと、たのしく、子どもの心をあそばせ、考えさせてやる場所でありたいものです。

子どもは、衣食住すべての点で、自分ひとりでまかなうことができません。そういうものを手に入れるのに、子どもは、だれか、間に仲介者を必要とします。本と子どもの間を仲だちすることを仕事にする人間、これが、児童図書館員であると、私は思いたいのです。そのために、児童図書館員は、子どもを知り、本を知らなければなりません。

これは、なかなかの大仕事です。にもかかわらず、これが、私たちが、どのすみからでも解決していかなければならない問題だと思います。

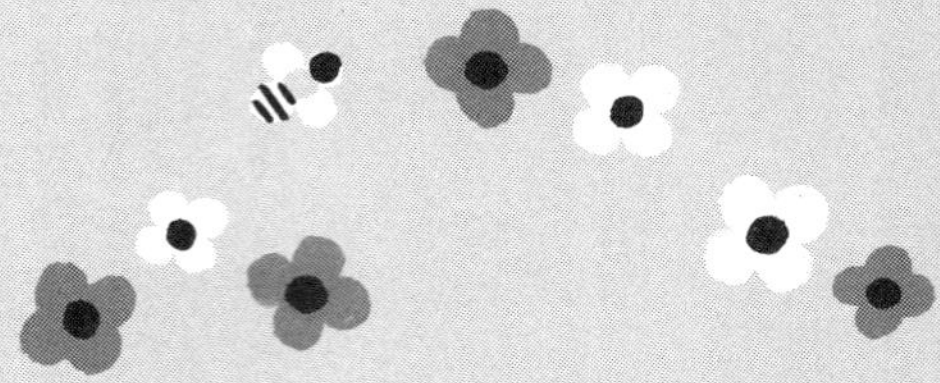

ホーム・シックにかからなかった記

一年、日本をはなれ、ひとり旅をしてきた。出かける前、私は、何かの本で、外国へいって、ホームシックにかからなければ、かからないほうがおかしいのだ、と書いてあったのを読んだことがある。だから、私も、人なみに、ホームシックにかかるものときめて出かけた。出かける前、私の神経は、カミソリの刃みたいになっていて、朝の新聞に一家心中の記事などを見ると、もう一日、どうにもならない。つまり、ノイローゼである。だから、ことによると、外国の宿舎で自殺するくらいが、オチではないかと、じぶんひとりでは考えたこともあった。

ところが、その私が、百人中九十九人までかかるはずのホームシックにかからなかった。私はふしぎでしかたがなかった。

表むき、私の勉強の題目は、英米児童文学、それといっしょに、児童図書の出版と図書館活動を見るはずであった。一九五四年八月の終りに、サンフランシスコについたら、ボストンに住む、その時はまだ見ぬ友であった人のさしずで、その地方の児童図書館関係の人たちが迎えに来てくれていた。

この人たちは、たいてい独身の婦人である。サンフランシスコで案内してくれたのは、えらいおばあさんで、ちょっと男か女かわからないような人。サンディエゴの夜ふけの駅に、ひとりひっそり迎えにきてくれたのは、お化粧もしないような、日本婦人よりはにかみやと思える人。たいてい、自動車をもっていて、この西海岸の数日で、私は、日本をたてにかけぬけたかと思われるほど、方々をつれて歩かれた。忙しい毎日だった。

たしかに、アメリカの児童図書の出版、それに、できた本を子どもたちに見せるしかけの児童図書館は、世界にくらべるもののないようなものに見えた。何より感心したのは、児童図書館員というものの奉仕ぶりである。それは、図書館に来た子どもたちが、いい本をよんで、明日からおりこうになり、おとなしくなるという効果をねらっての仕事ではなかった。子どもたちには、喜びをというのが、この人たちのモットーのように見えた。

ニューヨークで見た児童図書出版の現状も、その気の長さで、私をおどろかした。今年のクリスマスに売る本は、五月には、販売方針がたっていなければならない。だから、それまで、だいたいでき上っているか、せめて、ゲラを営業部員の手に渡してなければならない。復活祭に売りだす本は、前の年の秋には、そうなっていなければならない。だから、著者は（無名作家もまぜて）二年も先に出る本の原稿を書いていることになる。したがって、あまりキワモノは、出る余地がない。

スピードの国アメリカで、くるシーズン、くるシーズン、新しい地質のブラウス、スカート、ガイトウなどの広告でびっくりさせられた私は、ともかくも、子どもの本にかぎっては、何となく損得をはなれたように見える（そんなはずはないのだが）編集者たちの熱の入れかたにうらやましい気がした。児童図書作家の中には、たいへん静かなおばさんという感じの人が多かったが、編集者たちに会っていると、時々、はじきかえされるような自負を感じた。じぶんたちの作った本を、子どものように両腕にかかえている、誇り高い母親という感じのすることがあった。

いつか、自動車図書館にのって、ニューイングランドのいなかをまわったことがあった。図書館をもてない村、本を買えない学校を、郡の図書館の自動車が、一月に二回くらいの割合いで、まわって歩くのである。ある一部屋きりない小学校へいった時は、私は、三十人ばかりの小学校の生徒たちといっしょに、図書館員から「五人のシナのきょうだい」というお話をきいた。ちょうどボストンの新聞、クリスチャン・サイエンス・モニターの記者もいっしょだった。お話は、たいへんじょうずだった。記者もキャメラ・マンも私も、あっはあっは、笑いながら、子どもたちとその話を聞いた。聞きながら、私は、ニューヨークで会った、この本を作った編集者を思いだしていた。

去年、九月の末に日本に帰ってきたら、ある本屋さんから、クリスマスに出すための種本をもって来たかどうか（もちろん、こういうことばではいわれなかったが）といういみのことを聞かれた。クリスマスに出すのなら、準備期間は、十月、十一月の二月、一夜づけで翻訳し、その間に、航空便で翻訳権を交渉し、工場には少しむりを言って夜業をしてもらえば、できるのかもしれない。けれど、その本の中には、何がはいっているだろう。外国をまわっている間、そんなことをしてはいけないのだと、はっきりじぶんに言いきかせたことが、ホームシックにかからなかった原因ではないかと、私は思いあたった。

気らくな旅

一年の外国のひとり旅をして来たら、みんなが、さぞ疲れたろうと言ってくれる。それは、なんといっても、知らないところ、ことばのよくわからないところを歩きまわるのだから、気がくたびれるには、くたびれた。が、いま考えると、外国——といっても、おもにいたのが、アメリカで、あとの、イギリス、ドイツ、イタリーは通りすぎて来た程度だが——の生活がひどくさっぱりしていて、苦労のなかったもののような気がしてくる。

日本に帰って来て、一月になるが、毎日どろのついたくつを掃除し、雑巾かけをし、買物に出かけ、立ったり、坐ったりをくり返しているうちに、ああ、これが日本の女の毎日の生活なんだなと思ったら、腰や肩がいたくなり、どっと疲れが出て来たような気がした。私は、女ひとり——もっとも同居人とネコ二匹がいるが——で、こうなんだから、だんなさんや子どものある人は、毎日、どれほどの精力を費しているだろう。その費しただけのエネルギーを恢復するために、おくさんたちは、十分の休養と栄養をとっているだろうか。とっているとは、私には思えない。

それに、日本は、対人関係が、たいへんめんどう——といってわるければ、ていねいすぎるような気がする。「いらっしゃいますか?」「ございますか?」が、めんどうで、なかなか、私にはうまく使えない。

いつか、アメリカのあるところで、晩ごはんの会によばれ、この敬語の話をしたことがあった。日本には、「私」ということばさえ、いろいろの言いかたがあって、たとえば、だんなさんは、目上の人と、友だちと、また妻なる人と話す場合、それぞれちがった「私」を使いわける、そして、女の場合も、またそうであるし、動詞の語尾なんかいろいろ変わることを話したら、たいへんおもしろがって、ぜひそれを書いて新聞に発表するようにということだった。私は、新聞には書かなかったけれど、そこに出ている何対かの夫婦たちの使うことばを、いまさらのように注意してみて、めんどうでなくていいなあ、と羨しく思った。

ことば使いは、対人関係もあらわす。日本では、人と人との関係に、やはり敬語の差ほど、いろいろ微妙な段階があるようである。この間、若い雑誌社の人と話していたとき、敬語の話が出て、電話口で、相手かたのどんな人間かによって、それこそ、七色もの敬語や声を使いわけている自分に気がついて、まったく、いやになると、その人は言っていた。

外国にも、敬語にあたる言いまわしや、ことばが、たくさんあるのだろう。けれど私は、王侯貴族とつきあったのではないから、学校でならった英語を、それもへたに使って、だれにも失礼なという顔もされなかったし、どうやら、まちがいもなしにやってきた。外国の人に、何かの会があるから来ないかとさそわれて、疲れたからとか、忙しいからと断ると、それは、残念だけれど、またねということになって、ほんとにさっぱりしているから、気もちが、らくだった。

サン・フランシスコについたばかりのころ、ドライヴにさそわれ、その人が、忙しいとわかっていたので、忙しいのに悪いと言ったら、忙しくてできないときは、誘わない。誘った以上は、自分もそれを望んでいるんだから、そういうよけいな心配はするものではないと言われた。アメリカについたばかりで、その注意をうけたことはいいことだった。

また、ごはんによばれたとき、お酒をしいられないということは、どのくらいありがたいことかわからなかった。とくべつ、いいカクテルを用意してあったときなど、もてなし役のおくさんは、これは、とてもおいしいのに、と残念がってくれることはあっても、「まあ、いっぱい」とは言われなかった。

ニュー・ジャージーのある家へよばれていったとき、主人がわの老夫婦だけでなく、息子さん夫婦も男の子を一人つれて、やって来ていた。老夫人心づくしのお昼ごはんがすむと、老夫婦、およめさん、男の子、それに私は、席を移して、応接間で話したり、あそんだりしはじめた。息子さんが出てこないで、何をしているのだかと思ったら、お皿を洗っていたのだということが、あとになってわかった。台所をすっかり片づけてから、息子さんはやって来て、私たちの仲間にはいった。

あまりみんなが、あたりまえの顔をしているから、私は聞くのもおかしくて、聞きそびれてしまったが、こんなことは、べつにかわったことではないのだろう。念のために云っておくと、そのおよめさんは、カカア天下というようなタイプの人ではなかった。きっとお客が男なら、およめさんがあと片づけをしたのだろう。

アメリカのおよめさんの、気のらくなことよ、と、私は思った。

とにかく、ふりかえってみて、女だからといって、気をつかったことは、どうもないようである。いまとなっては、まことに気らくな旅という気がしてしかたがない。

ビリー

ビリー・マンソーンは、私が、九ヵ月アメリカにいた間にできた一ばん年の若いお友だち。たしかビリーは、今年六つである。いまごろは、ホヤホヤの一年生になり、あの静かな町の小学校に通いだしていることだろう。

アメリカでの、私の勉強を指導してくれることになっていたミラー夫人に、私がやっと会えたのはサン・フランシスコに上陸してから、一月たってからのことだった。ボストン駅で、想像していたより小柄な白髪の夫人に迎えられ、それから、ボストンを四、五日見てから、夫人の自動車で、ちょうど満目もみじに埋まっているニューイングランドのいなかをドライヴし、かの女の住むアシュバーナムという、人口八千の町につれていかれた。

道々、夫人は、ちょっとすまなそうに切りだした。じつは、自分の家にあなたを泊めるのが、ほんとうだけれど、数ヵ月前から、夫の姉、マンソーン夫人が、家に来てお客部屋を占領している。病人なので、あちこち動かしたくないから、あなたは、若い方のマンソーン夫婦のところに泊ってもらえまいか。アメリカの中流の若夫婦がどんなにくらしているか、見るのもおもしろくはないかというのである。

もちろん、けっこうですと、私は答えた。

その日は、ミラー家で、いかにもニューイングランドの旧家らしい手づくりの夕食を御馳走になって、夜、若いマンソーン家へつれていかれた。そこでは、みんなが居間のダンロの火にあたりながら待っていてくれた。私よりちょっと若いくらいの夫婦に十三と五つの男の子。最後に、背の高いお母さんの足のかげからのぞくようにして、「こんにちは」と手をだしてあいさつしてくれたのが、ビリーだった。

とてもきれいな金髪で、線のつよい顔だちをしていた。そして、無口らしく、あいさつ以外は口もきかず、まじまじと私の顔を見ていた。

その夜、ビリーは、すぐ二階へ寝につれていかれたが、そのまえに、お母さんから、「あしたの朝、石井さんは、朝ねをなさるんだから、じゃまをしてはいけませんよ」と、念をおされた。そして、お母さんは、私にも、「ビリーがいったら、叱ってください。どうかすきな時におきてきてくださいと。」という。

けれど、私も、一人の朝ごはんはいやだから、みんなの朝の時間をきき、それでは七時におきましょうということになった。

よく朝、目がさめると、廊下でコソコソ小さい物音がする。時計を見ると、七時ちょっと前。だまっていたら、七時が鳴るのといっしょに、ドアのハンドルが、外からいじっているらしくカチャカチャと動いた。

「おはいり。」というと、はじめそっとのぞいてビリーが、やがて、はいってきた。まだ寝まきすがただった。

「おきる時間」と、ニコリともしないでいう。

こちらもおきて、身じまいしながら、

「おにいちゃんの名まえ、なんていうの？」

などと聞いてみた。

じつは、前の晩、紹介されたときよく聞きとれなかったのだけれどごま化しておいたのだ。「アナ。」と聞こえる返事をビルはする。

男の子にアナというのはないだろうと思ったが、アナというと、よく通じるので、それで話をつづける。私の寝たのが、「アナ」の寝室なので、私のいる間、「アナ」はどこにねるのか、気にして聞いてみたら、屋根裏へ退却しているらしいということがわかった。(あとでわかったが、おにいちゃんの名は、アーノルドだった) 話の間に、ツルを折ってやったら、はじめて、ニコッと笑って、お母さんに見せにとびだしていった。

それから、二週間、朝の十時ごろ、ミラー家から迎えが来て、近くの図書館見学に出かけ、夜、マンソーン家に送りとどけられるというのが、私の日課になった。私が、帰るころ、ビリーはたいてい寝かされている。が、毎朝、七時には、カチャカチャと、私のねている部屋のドアのハンドルをならす。ビリーのあいさつも、「おきる時間」から、「もっとトリをつくっておくれ」にかわっていった。

折り紙は、ツルばかりでなく、ブタ、カメ、ユービンヤさんとふえていった。ビリーは、この一年ほど、たいへん無口になって、人が話しかけても、知らん顔するようになったのだけれど、あなたとは話すのかと、ミラー夫人がおかしがって笑った。けれど、ビリーは、私が折り紙をしている間も、笑ったりしない。時には、おこったようにむっつりした顔をしている。そしてじつにじいと見ている。一枚の紙から、つぎつぎにかわった形があらわれるということが、じつにふしぎらしい。

その後、あるお天気のいい日曜日、芝生の上で、私は、「平賀源内」というおもちゃを、ビリーたちにつくって見せた。それは、私たちが、子どものころ、よく縁日などで見かけたもので、小さい長方形のボール紙を、五六枚、ほそい紙でつなぎあわせ、長くしてぶらさげ、一ばん上のをひっくり返すと、パタパタと、全部の紙が将棋だおしに、全部ひっくり返ってかくれていた扇が、出てくるという、あれだった。

私の手工を見物していたのは、八十四才かになる、体のどこかにガンをもっているマンソーンおばあちゃん。「お前の手は、なんて器用なんだ」などと五分おきに感心している。もう一人は、十になるジョニーという男の子。できあがるまで、待ちどおしくて、じっと坐っていられない。モジモジのしつづけ。ひとり、ビリーだけ、一時間の間、だまって見ていたのにはびっくりした。

つぎの日の夜、ビリーの家に帰ると、お母さんが、きょうは、まったくびっくりしたという。

「おひるすぎ、ごはんのあと、ちょっと休んでから、表へ出てみたら、石段のところが、こまかい紙で、いっぱい。そして、こんなものがあったんですよ。あなたのまねでしょう。」と見せてくれたのが、ギザギザながら、何かの箱を長方形にちぎったボール紙に、タコのシッポのように、細いピラピラがついている。

私はびっくりしてしまった。前の日、私がつくった「平賀源内」は、とても五つの子がおぼえられるようなものではなかった。それなのに、なんとそのギザギザの長方形は、私のつくって見せたものと、精神は、まったくおなじだった。ただ、もう手におえなくなって、途中で放りだしてしまったことは、よく伺えたが。

私は、小さい頭の中でおこなわれた、そのいじらしい努力が、あまりかわいかったので、そのボール紙の一切をもらって、旅行の間じゅう、カバンにいれて歩いた。

それから、お母さんと私の間に、何度かビリーのことが話題になった。この間は、こういう本を読んでやったと、お母さんの挙げた本の名が、あまりむずかしいものだったので、ビリーにわかったかと聞くと、「インスティンクト（本能）」というのは何かと聞かれて、説明にこまったと、お母さんは笑っていた。それでも、それは、少年と愛馬の物語だったので、ビリーは、じっと聞いていたそうである。

それから、いく日かして、またお母さんが、このごろ、ビリーは朝五時ごろ、だまって自分たちの寝室にはいって来て、だまってそばに横になると、ねむってしまうのだけれど、どうしたのだろうという。ひとりでねていて、さびしくなるんじゃないだろうか、日本の子どもは、その年ごろでは、みな、父母といっしょにねるんですよと、私は言った。

そのつぎの日か、ビリーに、なぜ朝やってくるのか、聞いてみましたと、お母さんが話してくれた。ビリーは、自分の部屋にある鏡に、悪いやつの顔がうつるからいやなんだと答えたそうである。それは、気のせいじゃないか、なぜ、それが悪いやつだということがわかるかと聞いたら、それは、「ぼくの本能」でわかるのだとビリーは答えたそうだ。

私は、五つのビリーが、本能というむずかしいことばを理解したことを、たいへんおもしろく思った。そして、もちろん、それは、少年と愛馬についてのすぐれたお話に助けられてのことだったろうと考えた。

その後、アシュバーナムの町へは、ときどき出かけたが、それからは、ビリーの家へ泊ることはなく、ミラー家では、老ミラー氏がその寝室から追いだされて、夫人の部屋の小さいベッドに寝かされ、私がミラー氏の部屋に泊ることになった。それでも、ビリーは、いつも私に会いに来て、半日くらい「あれをしようよ、これをしようよ。」と遊んでいった。

最後にさよならをしにいった時には、もうじき、六つで、大分大きくなって、ミラー夫人によると「最近見ちがえるほど社交的」になったということだったが、いっぱしの紳士のように進み出て、「さようなら、ごきげんよう。ミス・イシイ」と、お母さんに教わってきたらしいあいさつをのべて、私の手をにぎってくれた。

ビル

ビルは、私のアメリカの友人の息子である。はじめて彼に会ったのは、一九五四年で、そのとき彼は五つだった。

私は、マサチューセッツ州の小さな町に、それまで文通だけで教えをうけていた老M夫人を訪ねていったのだが、ちょうどM家に病人ができ、M氏の甥のGさん夫妻の家に泊ることになったのだった。M家で夕食をすまし、私がスーツケースをさげてG家へゆくと、ビルは、いつもなら、五つの子どもは寝かされる時間だったが、日本からの客がくるというので、許されておきていた。自分が紹介される番がくると、ちゃんと進み出て、「いらっしゃい」といって、私と握手した。ぽっちゃりした、金髪のかわいい子だった。

このとき、ビルのお母さんのG夫人が、朝は何時におきるかと私に聞き、私が七時頃と答えると、夫人はビルにいった。

「ビル、わかった？　七時まえに、石井さんのじゃまをしてはいけないんですよ」

つぎの朝、私が七時よりまえに目をさますと、私の部屋の前を、ピタピタと、はだしらしい小さい足がいったり来たりする音がした。私はだまってじっと寝ていた。そのうち、階下の大時計が七時を打つと同時に、部屋のドアのハンドルが、かちゃかちゃと鳴り、「おきる時間、おきる時間」という小さい声がした。

「おはいりなさい」というと、大きな目をした、まじめなビルの顔がドアのすき間からのぞき、やがて彼ははいってきたが、うすら寒い廊下をうろついていたので、体がつめたくなっている。私は、彼を自分のわきに寝かせ、あたためてやりながら、この小さい子を相手に会話の勉強をした。（これは、私の初の外国旅行であった）私が泊った部屋は、ビルより十歳上のアーノルドの部屋で、アーノルドは私がきたために、屋根裏部屋に追いあげられていたのであった。そこで、本棚には、すずの兵隊などがずらっとならんでいたが、ビルは、その兵隊たちのことを、自分には手もふれられない宝物のように恭しい調子で話してくれた。私は、なるほど、アーノルドという名は、アナルドと発音するのだななどと思いながら、その話をきいた。

こうした朝の日課は、私が二週間、この家に泊った間、くずれなかった。ビルは、七時前には決して私の部屋にはいってこなかったし、また七時になると同時に、ドアのハンドルがかちゃかちゃ鳴りだすこともかわりなかった。

こういうわけで、M家とG家では、いつのまにか、ビルと私は、特別仲のいい友だちとみなされるようになった。そのときの九カ月のアメリカ滞在のまも、私は休暇ごとにM家へいったし、帰国してからも、両家からの手紙には、必ずビルのことが書いてあったから、彼が小学から中学、それから高校へと親の満足する成績で進んでいったようすは、かなりよく伝わってきた。

私も、何年かおきの外国旅行の折には、きっと老M夫妻を訪ねるきまりにしていたから、現実のビルが、まるで打出の小づちを振うように、ぐん、ぐんと大きくなってゆくのを、自分の目でも見ていた。しかし、彼が成長するのと逆比例して、彼と私の対話は減っていった。私は、その町へいっても、もうG家には泊らず、また彼の通う学校はだんだん遠くなっていったから。村のように小さい町の通りを郵便局などへゆきながら、たまに自転車にのってゆきすぎるビルを見かけることがあった。「ビル！」とよぶと、彼は、手を振って、二言、三言叫びながらいってしまう。

あるとき、G夫人は、「ビルは、この頃、家にもめったにいないんです」と弁解して、こんなことを話してくれた。ビルは、どうしてもお金のいることができ、両親に借金を申しこんで断られた。そこで、おばあさん格の老M夫人に証書を入れて無利息のお金を借り、上等のコーヒーを問屋から卸してもらって、友だちのお母さんたちに売って歩くのに懸命だというのであった。

私は、みんなにかわいがられ、しかもこうしてきちっとけじめをつけた躾けをうけているビルが、どんなおとなになるのだろうなと、よく思い思いした。

ビルがフロリダのある大学へはいって一年ほどすると、G夫人の手紙からビルの消息が、ぴったり杜絶えた。その頃、東京にやってきたG夫人の友だちから、私は「ビリーが女の子のように髪をのばして、イギリスの夏期学校にゆくといって出かけたが、パリあたりでさまよっているらしい」という話をきいた。

去年の夏、私は何年かぶりに、そのマサチューセッツの町を訪ね、まったく思いがけず、G家でビルを発見した。高校の同級生の結婚式に出るため、ボストンからやってきたのだという。大柄な子どもだと思ったのに、細面の、やせた長髪青年に変身していた。ボストンでいく人かの友人と同居して、おもちゃの会社をおこそうとしているのだと話してくれた。M夫妻はもう亡くなっていたから、私は、またG家に泊り、そんな話をビルから聞いていると、G夫人は、しきりに私にウィンクして、「本気にしなさんな」という顔をした。

十歳上だったばかりに、アーノルドは、いまの青年のかかる病気を危く免れて、少壮弁護士になっていた。お行儀のいいG夫妻には、素肌にシャツのボタンもあちこちかけ忘れて私と話しているビルが理解できないらしい。「ビルのことでは、心配するだけした。彼がすきなことで自分でたべてゆくというなら、ダッツ・オールライト」だと、G夫妻はいう。

二十年まえ、二人で遊んだM家のまわりをビルと散歩しながら、「戦争にいかなくちゃいけないの?」ときいたら、「いや、いかない」と、彼は息ばりもしないで答えた。私は、もう少しで涙をこぼすところだった。若いひとたちが、どんなに天が下には隠れがもない世界に生きているか、この何気ない返事が、かえってはげしく悟らせてくれたからである。

アメリカを旅して　いく組かの母子

いそがしいアメリカ人

日本にくらべると、たいへん大きく、また雑多な人種が、それぞれのお国ぶりをもちこんで住んでいるアメリカという国に、私は、八カ月半きりいませんでした。その上、かなりの時間を旅に費しましたので、いま「アメリカの母と子」という題を与えられて考えてみると、なかなか一つにまとまった形が頭に浮んでこないのは、自分でもびっくりしたほどです。

また、アメリカという国は、たいへん忙しくて、都会にいますと、よういには個人の家庭に親しくはいりこめません。日本のように、時をきらわず、よその家をたずねていくという習慣がなく、よほど相手が、ひまな老人ででもないかぎり用もないのに、あいって、むだ話をするようなことはありません。お茶や食事によばれるにしても、あなた、いく日の何時に来てくれますかと言われ、その日にいくと、先方は、ちゃんとお客をする心がまえをして待っていてくれ、夜なら、小さい子どもは、ねかされています。

ですから、個人的に親子のグループと親しくなった経験はたいてい、いなかの人たちとの場合だったということも、いまの機械的なアメリカの生活の特徴の一つを示しているかもしれません。

質素なお百姓の一家

クライダーさん夫妻は、ニューヨーク市から二時間ばかりはなれた、ペンシルヴェニアのいなかに住んでいるお百姓でした。いなかといっても、汽車の駅からクライダーさんの家までは、自動車で二十分くらいしかはなれていないのです。それなのに、私がたずねていきましたら、のら仕事の途中からぬけだして、自動車をドライヴしてきたらしいクライダーさんといっしょに、私を迎えに来てくれた六つの男の子と八つの女の子が、生まれてはじめて汽車の停車場を見たと言ったのにはおどろかされました。それほど、交通は自動車ですまされているのです。

クライダー夫妻のことは、日本にいるうちから知っていました。戦後、何かの雑誌で私の名を知ったらしく、手紙をくれはじめたのですが、その手紙は、いつも神様のことでいっぱいでした。私は、この人たちが、純粋に百姓でたべていることに興味《きょうみ》をもって、アメリカにいくことになった時も、機会があったら、会いにいきたいものだと思っていました。ところが、私が、近いうちにアメリカにいくかも知れないと書いてやると、クライダー夫人、エルマのよこした返事がふるっています。どうかアメリカを美しい国だと思わないでくれ最近は、ラジオも、テレビもおそろしいプログラムだらけでアメリカは罪の国になりはてた、その点は、十分、心の準備《じゅんび》をしてきてくれというのです。

いよいよこの人たちに会うために、ランキャスターという駅におりたのは、ペンシルヴェニア平原が花水木《ドッグウッド》の白とピンクの花にうずまっている春のさかりでした。クライダー夫妻は、おもにセロリーを作っている十九エーカーの農場の持ち主で、ふたりともまだ三十代でしたが、子どもは、五人もありました。というのは、私もたずねていって、はじめて知ったのですが、この地方一帯は、メノナイツというキリスト教の一宗派に属する人たちの根城で、むかしドイツから渡ってきた人たちが、いまだにきびしい戒律のもとに住んでいて、子どもの制限などはしないらしいのです。

エーミッシという宗派の人たちが、いまだにアメリカのあちこちに、機械も使わずに、馬で耕作しているという話を聞きましたが、メノナイツの人たちは、機械を使います。それで、クライダー夫妻も、ほとんど夫婦だけの手で、十九エーカーを耕作しているわけですが、その生活の質素なことは、お話のほかでした。アメリカでは、常識になっているおふろ場が、この家にはありません。物おきのようなところで、金《かね》の洗たくだらいにお湯をあけ、からだをふきます。私は、お客なので、台所でやらせてくれました。

食事なども、ほとんど買ったものはなく、豆の煮たの、一年に一度、牛を殺して腸づめにしておいたものなどが出ます。お茶もコーヒーものみません。私のためには、子どもが、野草をつんで来て煎《せん》じてくれました。これが、この人たちの「お茶」でした。夕食がすむと、お父さんが、子どもたちのために、かなり長い間、聖書物語をよみます。それを、二つのルーシーまで、おとなしく聞いているのです。

この人たちの間に、週末をすごして、いかにもその親子関係の古風なことにはおどろきました。子どもは、どこの子どもともかわらず、やはりなかなか茶目なのです。けれど、それをたしなめるお母さんの態度《たいど》が、何と物静かだったでしょう。ルーシーがセロリーの苗床にはいっていくと、「そっちへいくんではないよ。」と、声も大きくしないで言うだけです。十になるねえさんのノーマは、お母さんの忙しい時には、(お母さんは、お産の二日まえごろまで、外で働くそうです。)子どもたちの面倒を見、お皿を洗い、かんたんな食事の用意もやるようでした。

このクライダー夫人、エルマが子どもを扱う態度が、アメリカで見た母親のなかで、一ばん日本の母親ににていると思いました。いえ、いまの日本の母親よりも、ずっと静かだったでしょう。

ふえる働くお母さん

白粉《おしろい》のけもないこの人たちの間から、二時間で、ニューヨークにもどったら、脂粉《しふん》の都に帰ったという気がしました。

ニューヨークでは、偶然、デーヴィッドという九つの男の子と知りあいになりました。ある日、やくそくの時間に、友人のアパートをたずねてゆきますと、その人たちがまだ帰っていないと見えて、ベルをならしても、ドアがあきません。そこで、立って待っていますと、やって来たのが、デーヴィッドです。「あなたもYさんをたずねて来たのか。」と聞きます。Yさんというのは、日本人の画家の一家なので、デーヴィッドは、私の黄いろい顔色を見て、すぐY家訪問だなとにらんだにちがいありません。私が、「そうよ。」と答えると、「ぼくも、そうなんだ。モモに会いに来たんだ。」と言います。Yさんの子どもは、偶然、私とおなじ名まえのモモでした。「モモに会いに来たのなら、ここにもひとり、モモがいる。」などと冗談など言って待っているうちに、Yさんたちが帰って来て、みんなでいっしょに四階のかれらの部屋まで上りましたが、これが、デーヴィッドと私の最初の出あいでした。

かわいい男の子でしたが、二、三度会っているうちに、近所の子ではなくて、家はかなりはなれたところにあるというので、びっくりしました。ただYさんのアパートの二、三軒先に、デーヴィッドのお父さんがレストランを出していて、お母さんもそこに働いているのです。デーヴィッドは、学校から帰ってきても、だれも家にはいません。ですから、お父さんお母さんのいるレストランに来て、夕方まで、近所をふらふら、ローラー・スケートなどでまわって、歩くのですがある日、ふとしたきっかけから、やはりローラー・スケート狂のモモと友だちになったというわけです。大都会の下町でひとり、通りをすべって歩きながら、街で友だちを拾っているというような少年が、私には、あわれに思われました。

私もいつか、デーヴィッドのお父さんのレストランにいってみましたが、野菜を煮つめたような、みようなお料理が出、お砂糖とハチミツでかため、ケシ粒をまぶしたお菓子は、東洋的な味がしました。また、そこには、たぶん、シリア語でしょう、（そのお父さんは、シリアからの移民とのことでした。）わからないことばで話している移民たちがいっぱいいいました。

デーヴィッドの両親は、コックさんもやり、お給仕もやりまた、お客たちにまじって、話をしたりで、まったく、子どもには、かまってやりたいけれど、かまうひまがないという状態のようでした。

デーヴィッドは学校が終ったあと街路や友だちの家であそび、夕食をお父さんのレストランですますと、だれもいないアパートに帰っていくのです。ですからYさんの家で、おそくまでいていいと言うと、喜んでいつまでも遊び、それから、お母さんと家に帰っていきました。

　ニューヨークあたりでは、生活がきびしいので、こういう母子が、ふえていくのではないかと、旅行者の私には、見えたのです。これほどでないまでも、外に出て働くお母さんはたしかにふえてゆく傾向のようでした。

まなびたい冷静さ

　古風なクライダー家の母子と、はなればなれのデーヴィッドのお母さんの関係の中間にあるのが、ニューイングランドあたりの町々で見た、規律ただしいサラリーマン家庭の母と子の生活でしょう。

　朝の家事をすましたお母さんたちが、十時ごろ、子どもを乳母車にのせて、街角の公園につれていく光景は、アメリカのどの町でもよく見かけるところです。小公園にはブランコや砂場があって、子どもたちが、そこで遊ぶひまに、お母さんたちは、おとな同志で、あみ物をしながら、井戸ばた会議（?）をしたり、また、静かに本を読んでいる人もありました。公園の日光浴がすむと、家に帰って、子どもは昼寝。夜も、夕食後は、早く、お母さんとは、べつの部屋で寝かされます。子どもが寝てしまうと、あとは、おとなの世界になるのです。

四六時中、お母さんと子どもがいっしょにいる日本と、アメリカの母子と一ばんちがうと思われたのは、ここでした。小さい子でも、親といっしょに映画館にはいったり、劇場に来たりするのを見たことはありませんでした。お父さんお母さんは、映画を見たい日には、近所のハイ・スクールの子どもなどを、一時間いくらでお守りにたのんで出かけるのが、習慣のようでした。

マサチューセッツ州のいなかで友だちになった小さいビルとお母さんは、この中間組のひとりでした。近いくせに、はなれているような、日本人のよりはさばさばした母子関係が、私には、興味深く思えました。アメリカの若い母親は、子どもが生まれると、注射でお乳をとめてしまって、人口栄養にしてしまうのだそうですが、それは、生物学的に不自然ではないかと、私が言ったのに対して、ビルのお母さんは、そうではないと思うと答えましたが、母親でもなく、心理学者でも、生物学者でもない私は、うなづけないままに、それに何とも言い返せなかったのです。ただ、こうした母親のひとりが、むすこの批評をして、「あの子の選ぶお嫁さんなら、きっといい子だと思っているんです。」と言うのを聞いたとき、この冷静さは、日本の母親も、もう少し身につけたいものだなと思いました。

「珍談」

去年の夏、一年間の外国旅行に出ようとしたとき、ひとり旅なのだから、赤ゲットウの珍談も、だまっていれば、人に知られないですむわねと、ある友人に笑われた。

私は、失敗談をひとにかくして、すずしい顔をする気は、さらさらなかったが、横浜で船にのってからも、サンフランシスコに上陸してからも、いっこう珍談にぶつからない。

旅のはじめのころ、あるアメリカ婦人に、アメリカに来て何に一ばんおどろいたかと聞かれ、考えたすえ、何にも、それほどびっくりしなかったと答えたときには、相手もつまらなそうだったが、私もつまらない気がした。

さて、大勢お友だちをつくったアメリカに九カ月でさよならをし、フランスからドイツにはいっていくと、想像以上に、みんな英語を話さない。こちらは、ドイツ語ときたら、「おはよう」と、「ありがとう」きりわからないのだから、何を言われても、それこそ、チンプンカンプン。買物は、おもに手まねと、相手にわからないブロークン・イングリッシでおし通し、いよいよ珍談にぶつかりそうなけはいになってきた。

ドイツにいったたのしみの一つは、独訳された私の本を出してくれた本屋さんをたずねることだった。ミュンヘンに腰をおちつけると、すぐ手紙で手はずをきめ、ロイトリンゲンという、その町を訪ねることにした。

七月十八日、おきるとドシャ降り。宿の人にタクシーをよんでもらって、駅までいく。途中も、まちがったところへつれていかれると、こまるから、「ハウプトバーンホーフ（中央停車場）」をくり返す。汽車は、フランスゆきの国際列車。私のコンパートメントは、私ひとりだった。が、やがて、見あげるような、ふとった、てらてらの赤ら顔の、いかにもドイツ的な初老の紳士がのりこんできた。この人、英語を話すといいがな、と、まず思う。

ふしぎなことに、七時四十五分に出るはずの汽車が、八時すぎても、駅を出たり、はいったりしている。まちがった汽車にのったかなと心配になったが、何度も駅の人に、切符を見せ、念をおしたんだからと思って、がまんして乗っているうちに、八時半、本式に出発した。こうなると、十一時四十分、プロヒンゲンというところで乗りかえ、ロイトリンゲンに十二時四十分につくのですよと、ミュンヘンの図書館で教わって来た時間表が、メチャメチャになってしまった。

十一時四十分がすぎてからは、気が気でない。駅ごとに、駅の看板全部に気をつけて、プロヒンゲンの名をさがす。しまつに悪いのは、「乗りかえ」と書いてあるのか、駅名が書いてあるのか、私には、区べつがつかないことだ。とうとう、向うがわの座席いっぱいにこしかけている相客に、「プロヒンゲンは、まだでしょうか。」と、英語で聞いてみた。はたして英語を話さない。けれども、プロヒンゲンと、字で書いて見せると、この人、この駅を知らなかったが、立っていって、通路から、駅員に聞いてくれ、まだまだと笑って知らしてくれた。それからは、この人が、とまる駅ごとに気をつけてくれ、とうとうプロヒンゲンについた。

「ダンケ・シォーン！」と言っておりる。

乗りかえは、ごくかんたんである。切符を見せれば、駅員が指さして、いくべきプラットフォームを教えてくれる。かなり大勢の人といっしょに待っていると、まもなく、すすけた小さな汽車がやってきた。

二等車は、私ひとり。小さい支線だと見え、こまかく、十分おきぐらいにとまっていく、小さい町に、小さい駅。ここでも駅の看板と首っぴきになる。プロヒンゲンから、一時間だから、もうそろそろと注意を集注していると、思いもかけず、小さい小さい駅で、「ロイトリンゲン」という文字が、私の窓の前にとまった。私は、カバンをつかんで、とびおりた。

いくら小さいといったって、これは、まるでマッチ箱のような駅だった。年とった、小さな駅長さんが、ただひとりで私を迎えてくれた。

こんないなかに、出版社が！　という不審が、一瞬、頭にひらめいたが、私はすぐ、青梅の精興社を思いだし、日本でも、竹やぶのそばに、大きな印刷所のあることもあるのだものと、思いなおした。

ところが、切符をだすと、駅長さんが、「ナイン！」という。そして、看板を指さしたり、汽車のほうを指さしたりする。看板には、なるほど、ロイトリンゲン＝□□と、少しよけいなものがついている。北駅とか、南駅とかいうのだろうか。汽車のほうは、もう動きだしていた。最後の窓から、さっき切符をしらべに来た人のよさそうな車掌が、「あれよあれよ」というような表情で、ゆく手を指している。（ことによると、「あれよあれよ」は、汽車を見送った私のほうかもしれないが。）汽車をとめてくれるんじゃないかな、と思ったが、いってしまった。

あたりは、一面の牧草畑。チラホラと農家があり、駅の前の小さい広場の、大きな木のかげに、もう雨がやんだので、子どもがあそんでいた。

私は、例によって、「英語を話すか」と駅長さんにきりだした。「ナイン」という。ところが、天の助けか、そこへ、農業組合の事務員というかっこうの青年が、紙きれをもって、用ありげに線路をこえてやってきた。「あなた英語を話しますか。」と、私は、またやった。「話さない。」と、その青年は、めずらしそうに私をながめながら、答えた。

けれど、その返事が英語だったので、私はかまわず、まちがった駅でおりたこと、この近くに、タクシーがあるかということ、ロイトリンゲンは、ここから遠いのかということ、そこには、私の友人が待っているのだが、というようなことを、順序もなくならべたてた。

それで、けっきょく、その英語を話さないという青年と、めんどうな話をした結果は、ロイトリンゲンはすぐつぎの駅で、Xキロかある、タクシーもあるが、ロイトリンゲンへいく汽車は、あと一時間するとくるということがわかった。私は、では、つぎの汽車でいくことにするが、つぎの駅で待っているヘブサッカーという人に、私がここにいることを話してくれまいかとたのんだが、それが、どのくらい、二人にのみこめたかは、わからない。青年は帰っていった。

私は、カバンを持って、小さい待合室にいってこしかけた。駅長さんは、日本人にお目にかかったのは、はじめてらしく、すぐ切符売場の窓口から、私をのぞいて、何か話しかける。もちろん、何を言っているのかわからないから、紙に書きなさいと手まねをして見せた。すると、すぐ紙に書いてだしたのが、「Wie alt bitte?」ときた。こっちの年を数字で書いて返してやると、うーむと、うなるようにして私の顔を見た。小娘だと思っていたのだろう。

それから、駅長は、長い電話をかけだした。そして、少しすると、私のほうへまわって来て、私の前の地面を指さしては、「エル・コメン・ヒア」というようなことをくり返す。だれか、迎えにくるのだな！ と思ったから、うれしくなって、何度もうなずき、「ダンケ！」をくり返した。

それから、五分もしたろうか。子どものあそんでいる大木のそばを、中型の自動車が走ってくるのが、私のそばの窓から見えた。そして、駅長さんが、来た来たと手をふって見せる。

私は、とびあがって、かけだし、駅長さんの手をにぎりしめてから、自動車のほうに走っていった。運転台には、七十ぐらいの品のいい老人が坐っていた。

私は、思わず手をだして、「ヘール・ヘブサッカー？」と聞くと、そうでないと首をふる。そして、まず、私のカバンをうけとってから、ここへ乗れと、自分のわきの席をたたいて見せた。私は、のりこみ、車は走りだした。

出版社の社長でないとすると、運転手かなと、私は思った。あたりは、美しいみどりの田園。このドライヴは、まことに気分のいいものだった。おたがいに、時々何か話しかけるが、わからないので、笑ってしまう。

二十分もいったころ、そろそろ家並が見えてきた。老人は、「シュッシュッ！」と、汽車のまねをして見せる。なるほど、右手の通りの向うのほうに、ふみきりが見えた。

すぐにぎやかな通りにはいって、まぎれもない、大きな停車場の前までくると、車はとまった。

おや、と、私は、おどろいた。出版社の運転手なら、私を出版社につれていくはずなのに。

私は、カバンから、小さい英独辞書をひきだして、老人に渡した。その人も、すぐそのいみがわかって、いそがしくページをくって、さがして見せた字が「Wo」。

では、これは、タクシーの運ちゃんかな、と思ったが、そんなはずはない。私も、一生懸命、辞書のページをくって、「友だちが、この駅で待っているのだ」ということを、その人に告げた。

老人は、車からおりて、しばらく駅の中にいたが、やがて、また、一人でもどってきた。いないというふうをして見せると、私のとなりにかけて、私の顔をながめた。

その時、私は、きゅうに思いだした。私は、たずねていくエンスリン社のアドレスをもっていたのだ。手さげから、それをだして見せると、老人は、よほどうれしかったと見え、大ニコニコ。「ヤアヤア」と、うなずいて、勢いよく車をだした。

そして、あっというまに、まったく三分もたたないうち、私たちは、静かな通りの、りっぱなエンスリン社の前に立っていた。エンスリン社には、建物が三つあり、どこへいったら、いいのかわからない。老人は、私のカバンをさげ、私にしたがうようにして歩きながら、一つ一つの建物で、人をよびだし、こういう外国の客は、どこへいったら、いいのかと聞いてくれた。

最後に、まん中の、一ばん大きな建物の前に立ったときだった。背の高い、とてもハンサムな青年が、ちょうどおくから出てきた。こういう者だが、駅をまちがえて降りてきてしまったのだがと、話すと、青年は、カラカラ笑って、「私は、ヘブサッカーの息子です。父も母も妹も秘書も、心配しながら駅であなたを待っていますよ。いま、電話がかかって来ました。ソーサク願いを出すところです。」と、笑いがとまらないようだった。

「そんなことより、この年よりはだれですか。」と、私は聞いた。「この親切な人は、あっちの駅から私をここまでつれて来てくれたんです。」

若いヘブサッカーさんの聞いてくれたところでは、その人は、ただ用事で、ロイトリンゲンにくるついでに、私をつれてきてくれたのだそうな。私のお礼のことばも聞きおわらないで、その人は、いってしまった。

これは、うそだと私は思っている。あの小さい駅の駅長さんが、友人をよんで、私を送りとどけてくれたにちがいない。

ミュンヘンに帰って、その冒険談（?）を、図書館の人にしたら、「ドイツに、まだそんなしんせつな人が、生きていましたかねえ。」ということだった。

自動車の恐怖

このごろ、東京の郊外を歩いていると、畑のなかの、いかにも新婚家庭らしいかわいい家のよこにこれまた、かわいい自動車が付属品のようにおいてあるという風景にちょいちょいぶつかります。

また友だちが車で会社へ通いはじめて、目的の場所につくのに、四時間かかったというようなことを聞きます。

そのたびに、いよいよ私たち庶民の生活にも、自動車がはいってきたんだなあと思わずにいられません。

三年まえに、しばらくアメリカを旅した時、自動車だの、運転だのという話題が、アメリカ人の日常生活についてまわって、冗談になったり、夫婦げんかの種になったりしているのを、当然のことながら、おもしろく思ったものでした。

まずサンフランシスコについてはじめて会う友人、クララ・Bに迎えられてからは、文字通り足をさらわれたように、自動車の上の生活です。胸つき八丁のようなサンフランシスコの通りを上ったり下ったり、バークレー市をたずねるにも、カーメルにゆくにも、朝から晩まで自動車で、その三、四日のうちに、東京から鹿児島までの距離をはしったのではないかと思われました。

あまり車のこみあわないところだと、クララ・Bは六十五マイルでとばします。道はいいし、車はゆれないし、私はいい気もちで乗っているだけですが、よその車とすれちがう時、窓ガラスの外の空気がたてる「ヒュッ、ヒュッ！」というカミソリのような音を聞いては、衝突したら、ぺちゃんこだなと思わざるを得ませんでした。

その小旅行がおわった時、クララ・Bから、あなたはほんとにがまん強い同乗者で、おかげで気がらくに運転できたと感謝されました。事実は、文句を言おうにも、私は、自動車のことは何も知らなかったので、言えなかったのですが。

しかし、アメリカの生活に少しなれてくるにつれ、なるほど、文句を言わない同乗者は感謝に価する道づれなのだなということがわかってきました。

マサチューセッツで親しくしていたM老夫妻は、よく私を友人の家へつれていってくれましたが、その道々、夫婦の間にかわされる話というのが、たいてい、相手方の運転に対する注意ないし批評です。人っ子いないいなか道でも、むこうからポチッと車が見えてくると夫人は、すぐはじめます。

「ウイリアム、車がきました」それから「少しスピードが出すぎてますよ。そら、道が凍ってますから、気をつけて」

しばらく、そういった注意を聞いてから、M氏は、切り口上でやり返します。

「どうぞ私の運転ちゅうは、運転は私に任しておいてくださいませんか？」

シンシナチー市の図書館を見学にいった時は、ゆかいな老嬢のCさんが、私をつれて歩いてくれました。といっても、Cさんは六十いくつなので、車の運転は、若いKさんです。しかし、およそ、ひとから口でさしずされながら運転することは、大きな市のなかではたいへんらしく、Kさんは、一つ角を曲るたびに「今度はどこで曲る？」と、Cさんのさしずを待つのです。さしずと運転がこんぐらかって、いったりもどったり、遠まわりをしたり、私は笑わずにいられなかったのですが、Cさんは「それでも、私はまだましのほうだ。私の妹などときたら、私に運転させて『そこの左角を右に曲る！』なんてどなるんだから」

こんなことで、ただ乗りの旅行者は、ただおもしろがって、ハラハラもせず、けがもしないでぶじ帰国してきてしまいました。

しかし、このような状態が、ほんとに日本におこるとなると、少々、おそれを抱かないでいられません。東京がやたらに横にのび、私たちの友だちが、みな自動車で会社へ通いだしたら、この無計画の都会は、恐怖の町になるでしょう。
交番の前の交通事故の数字を、このごろ、私は、ぞっとしながら見て通ります。

英語のいろいろ

最初におことわりしておきますが、これは、英語についての学問的なエッセイではありません。一年間で世界をまわってきた間に聞いた英語について、思いだすまま書きつける、まったくの雑感です。

日本をはなれたのは、おととしの夏でした。それまでも英語の本は読んだり、訳したりしていましたが、しゃべることにかけては日本語をしゃべることもへたな人間です。どのくらい自分の英語が外国人に通じるものか、これは大いに興味ある問題でした。

出かける前に、アメリカ人と一五分程度の英語会話をおこなったのは、あるアメリカのお医者さんにアメリカゆきの手つづきを相談にいったのと、ヴィザのことでアメリカ大使館へいったときくらいのものでした。ヴィザは、なかなかおりませんでしたが、やがて、先方から呼びだしがきました。いってみると、女性の副領事さんから、いくつかの質問をうけました。曰く、映画人協会というのに入っていたことはないか、ずっと前、北京にいったときは、何をしてきたかなど。聞かれたことが、意外でびっくりしたせいか、「いいえ、そういう会に入ったことありません。その会、どんな会ですか？」「北京では、友人のところで、街を見物しながら、学校など見て歩きました。」というようなことを答えてしまってから、あれ、私、英語でしゃべったんだわ、と思いました。先方にも、私の英語がわかったふうで、ヴィザを出してくれました。

その帰り道、この調子だなと思いました。あまり、英語でしゃべるんだということを気にしないほうがいいんだ、何をしゃべるかを考えたほうがいいんだと思いました。

横浜から乗りこんだウィルソン号では、東大の西川正身先生と御一しょでした。先生の御専門はアメリカ文学ですから、百万の味方を得たようなものです。先生に、「お話しになるほうは？」と失礼ながら伺ってみますと、「大学教授となら、どうやら話ができるでしょう。ただし運ちゃんとは、どうかわかりません。」という御返事でした。

冗談はさておき、船にのって、外国人と話していらっしゃる先生のお話をそばで伺っていますと、たいへんイギリス風の発音で、しぶいエクスプレッションをあちこちにおはさみになるように、私には思われました。また先生の英語は、とてもテイ重でした。

それにくらべると、私のは、まことに出たとこ勝負。何が出てくるか、自分にもわかりません。たとえば、事務長のところへ切手を買いにいっても、「航空便の切手二枚……どうぞ」と、からくもつけて、体裁をととのえるしまつです。

しかし、先生は、物をたずねる場合、「おたずねいたします。」というように、おくゆかしくおはじめになりました。

さて、サンフランシスコに着くと、税関でおたがいの荷物の揃うのを後生大事に見はっているうち、あっというまに船の中で友だちになった人たちにも、力とたのむ西川先生ともお別れ。あとは、広いアメリカ大陸を、自分の口から出る英語をたよりに旅をしていくよりしかたがありません。しかし、少しもビクビクするにはあたらなかったというのは、大体、目で見れば、何が書いてあるかわかるということが、大きな力になったでしょう。また、人の話も、トーキーで聞くより、なまのほうが大分わかりがいいのです。聞くことが、どうやら半分以上わかると、こちらは片言でも、かなりの程度、話は通じるものだと思いました。

アメリカ大陸を汽車で横断して、ニューヨークへ出ました。私には、西部のアメリカ語と東部のそれが、どこがどうちがうとはっきり説明することはできませんが、東部にいくほど、人の話がよくわかってきたのは、耳なれたためばかりでなく、なんとなく学校でならった英語に近づいてきたためかもしれません。

ニューヨークで知りあった、出版社で働いている女の人たち、図書館員たちは、何となくぱっとはきだすような、歯ぎれのいい、ひびきのいいことば遣いをしていて、これは、忙しい生活からの影響もあるかもしれませんが、小気味よく聞くことができました。

ボストンの近くの静かないなかに、しばらく滞在したことがあります。ニュー・イングランド気質の老夫婦の家に泊り、七十八の気むずかしいおじいさんの英語を聞いた時は、ちょっと文脈もまがりくねって、むずかしく思いました。この人が、ある日、「お前の英語は、思っていたよりいいので安心した。しかし、気をつけなければならないのは、このごろのアメリカ人の使うことばのうちには、おぼえてもらいたくないのが、たくさんある。たとえばguyだ。」と言います。

そこで、私は、その前の日か、その人の親戚の十四の少年が、「Gee、シェークスピアというguyは、何か持ってるね。」と学校から帰って来て言ったという話を、その子の母親から聞いたのを思いだし、七十八翁に披露して、大笑いしてしまったのです。

さて、そこから、トロントにゆくと、国境一本で、こうも人間の気風がかわるかとびっくりするくらい、駅に立っている駅員も、アメリカ人のようにあけっぴろげな表情がなく、悪く言えば、お高くとまっている顔つきでした。

トロントでは、ある老嬢の経営している下宿屋兼ホテルに泊りました。古風な食堂に、あまり豊かではなさそうな老夫婦、または独身の職業婦人などが、威儀をただしてテーブルにつくところは、ディケンズの小説にでも出てくるシーンのようです。私は市の図書館に勤めているブッシュという、これも老嬢と二人のテーブルにつきましたが、この人は、ようすが昔風なように、ことばつきも古風です。お給仕の女の子が、何をしても、「サンキュー・マイ・ディア。」「イエス・マイ・ディア。」です。この人は、しきりに sweet とか dear little ということばを使いました。アメリカ人なら、cute というところでしょう。(序ですが、「あなた cute などということばは、使ってはいけませんよ。」とトロント人からは言われました。)

トロントの図書館に、オーストラリアから一人、図書館員が来ていました。この人の英語がわかりません。take は taik と発音し、hale は ail です。一々、頭の中で調整しながら聞いていくのは、くたびれました。

のちに、カナダからもどって、アメリカのピッツバーグというところの学校に三カ月ほどいるうちに、どういう因縁か、またオーストラリア人の友だちが二人できました。一人、ジーンという方の友だちは、豪州なまりにもってきて、ネジをかたくまいて、はなした器械のように、話しだしたら、とめどもなく早口にしゃべります。二人で、学校まで二十分ほどの道を、よく歩いて通ったのですが、はじめのうち、私はたえず、「失礼ですが、何ですって?」を、口のくたびれるくらいくり返さなければなりませんでした。こんなにわからなくては、この人とは、とても友だちづきあいはできまいと、はじめ考えました。が、ふしぎなもので、一月たち、二月たちするうち、だんだんわかってきて、その人が、私を「モモ」とよび、私が、その人を「ジーン」とよぶころになると、私は、わからないことがあっても、「パードン、パードン」がめんどくさくなって、たまには、ぶっきらぼうに、「なに？」と聞くようになってしまいました。けれどもよくしたもので、そのころには、もうそのひとのことばが、わかるようになっていましたから、この失礼な「なに？」はあまりちょいちょい用いないですみました。

この人と、アメリカ図書館協会大会というのに出たことがあります。アメリカ南部からも、大勢代表者が来ていてIをɑ:と発音するような、tionをʃɑ:nとひっぱって発音するような演説も度々ありました。隣りの席のジーンが、「あなた、あの演説わかる？」と聞くので、「あなたの話より、わかるわ。」と言いましたら、ジーンは目を丸くして見せました。南部なまりが、私にわかったのは、主として、アメリカ南部の人たちは、アクセントをつけて、ゆっくりしゃべるためかと思われます。

もう一人、ピッツバーグでできた豪州人のお友だち、アースラは、図書館員で、六カ月の約束でメルボルンから、そこの図書館に働きにきているのでした。ジーンが率直なパッパッ型とすれば、この人はgentle型で、dear little組でした。この人の豪州なまりは、ジーンのに環をかけていました。ただし、気だてがやさしく、ゆっくり話すので、私は、早くなれました。この人と、買い物にいくと、店の人が、よく「あなたは、イギリスからきたんですか。」と聞きました。すると、アースラは、「いいえ、オーストラリアから。」と答えながら、イギリス人と間ちがえられたのを、ホクホク喜んでいるのが、よくわかりました。

ところが、この人の英語が、時によると、お店の人によく通じないのです。いつか、いっしょにレストランにはいりましたが、この人がいくら「toast」をくり返しても、ウェイターに通じません。taust のように発音し、前後の子音を利かせ、そのくせ、ごくごく軽く発音します。その人もウェイターも、しまいに、まっかになり、気まずくなったので、私が見かねて、わきから日本流に「トースト」とやったら、一ぺんで通じました。アースラは、そのウェイターを、「お前たちのより本物の英語がわからないなんて、無学な者よ。」と思ったような表情でした。

私には、アースラの「war」がわかりませんでした。何度出てきても、その度に聞き返さなければなりませんでした。この人は、アメリカを殺風景な、味気ないところと思い、ホームシックにかかってなやんでいました。よく私が、アメリカの悪口の聞き手にまわったせいか、いまもメルボルンから、ときどき、Momoko, my dear と呼んで、dear little kitty などについて手紙をくれます。すると、ピッツバーグで聞いた、半分はわからなかった、彼女の愚痴ばなしが思いだされるのでした。

世界をまわるつもりで、アメリカもまわりきらないうちに、紙数がつきてしまいました。中途半ぱで失礼いたします。

外遊のききめ

「學鐙」の昨年三月号に、林健太郎先生が、「外遊について」という文章を書いていらっしゃる。私も、日本人の「外遊」には、かなり興味をもっている。そのくせ、仕事がむやみにのろく、整理能力のない私は、時間がなくて、読みたい旅行記を殆んど読んでいないのだが。

ある人が、外国にいって、どんなものを、どう見てきたかということは、もちろんおもしろいが、私が、自分の身にひきくらべて、とくに知りたいことの一つは、その旅行が、帰国してからのかれ、または、かの女の考え方、生き方にどんなちがいをもたらしたかということである。

個人的なことをいえば、外国旅行のできたことを、私は、たいへんありがたいことに思っている。いってきて、日本のためになった、などいうのではないが、日本にいたのでは、おそらく、いつまでも手さぐりであったろうことの先へ出るきっかけをあたえてもらった。

私が、第一回めにアメリカ、ヨーロッパにいったのは、もう九年もまえのことで、その費用をだしてくれたのは、ロックフェラー財団であった。私が帰国してから、度々来日した財団の理事は、くるたびに、「あなたの外遊は、役にたったか?」という質問をだした。私は、「たちました」と、考えている通り答えた。

では、その効果は、どのように仕事にあらわれているかと聞かれると、私は、返事に窮した。帰国後、二、三年は、とくにこまった。というのは、帰ってきてから、自分のなかにまきおこった混乱を処理しかねていたからである。そのとき、私は、勉強というものは、科学実験や事業視察のように、わりあい、効果のあらわれやすいものと、すぐにはどうにもならないものとあるのだな、と思いしらされた。

私が、外国へいった目的は、子どもの本の出版状況、児童文学の現状、児童図書館の活動を見るためであった。創作がしきりにおこなわれ、まじめな子どもの本をだす出版社が商売繁昌となっているのは、なぜか、それを見てきたいと思った。

まずアメリカにいってわかったことは、大体、本で読んだりして予想していたが、「じっさいにおこなわれている」つまり、英米の今日の児童文学、出版は、公共図書館――市民の税金でまかなわれ、そこに住んでいる人なら、だれでもただで本が借りられる――の活動なくしてはなりたたないということであった。

しかし、では、日本にも図書館がたくさんできたら――じっさいには、数はずいぶんある――それで、日本にも、子どものための傑作がぞくぞく生まれ、そうしたものの出版が隆盛におもむくかというと、そうはいかない。

アメリカやイギリスの児童図書館には、五十年以上、あるものには、百年近い歴史がある。今日、このような図書館に働いている館員のなかには、二十年、三十年の年季をいれている人は、ざらにある。そのまえにこの道にはいりこんだ人は、死んでいたり、引退したりしているのだが、引退者のなかで、七十、八十のおばあさんでありながら、子どもの本の批評家として、出版社の助言者として、さかんに活動している人が、私がいったころ、まだ、かなりあった。

そのうちの二、三人には、かなり親しくしてもらったが、かの女たちの頭脳明せきなこと、千何百何十何年に出た、だれそれの何という本は、だれの挿絵がついていて、それはよかったとか、わるかったというようなことが、すらすらと出てきた。そして、よい児童図書館員には、ストーリー・テリングの才能は必須とされているから、よい詩やストーリーのひとくだりを、すぐ口にすることができた。文字通りの生き字引きを目のまえに見た気もちがした。

こうしたさまざまな年令の児童図書館員の批評や選択は、空にむかってはなたれる空砲のようなものではなかった。それは、つねにいまの時代に生きている子どもをうけいれている、今日の図書館のなかで、じっさいにテストされているからである。その人たちが、今年出たある本をいくら高く評価しても、子どもにすかれず――この子どもたちは、かり集められるのではなくて、任意に、あちこちから、やってくるのである。――数年のあいだに読まれなくなれば、図書館では、その本が破れても、新しく注文しなくなる。

こういうことが、たてには、七、八十歳の老人から二十何歳の若い図書館員まで、また横には、国全体――アメリカばかりでなく、イギリス、カナダも、ことばが殆んどおなじだから、すぐひびきあう――のつながりをもっておこなわれれば、どういうことになるのか。子どものたのしみのための基本的な本を、書棚にならべて、子どもを待ちうけることができるのである。

基本というのは、二百年、百年、五十年まえの子どもが喜んで、いまの子どもも喜ぶ本。グリムのような伝承文学やアンデルセンや「ちびくろ・さんぼ」のような創作童話が、そういうものである。それから、その後にできたもので、四十年、三十年間、時と子どもによってテストされてきたもの。こうしたもののつみ重ねが、児童図書館の本棚の内容になっていた。

どこの国でも、出版は商売であるから、こうした基本的なものの上に、何とか目新しいもので、子どもと図書館員の気をひき、一つあてるものをつくろうとする努力は、たいへんなものであった。編集者は、絵の展覧会にいって、新しい挿絵画家や絵本作家を発見しようとするし、大体、一年に二千集ってくる原稿——日本とちがって、ってをたどってくるのでなく、全国の未知の人から送られてくる——のなかで、一行でも、オリジナルなところのある原稿は、よく注意するのだと、ある編集者はいっていた。しかし、出版部数の六、七十パーセントが図書館にはいるのだから、この人たちは、気のどくなほど、図書館からの文句に気をつける。いきおい、さまざまな点で質の低下をおそれるのである。かといって、古典にならぶ作品が、そうひょこひょこ出てくるわけではない。たいへんな仕事だなと、私ははたで見ていて、ため息が出たが、しかし、ある標準以上の本をだしていれば、図書館という顧客は、どっしり、そこにひかえているのだし、「今年は、ふしぎなほどもうかった」と、ヴァイキング社の児童図書編集のベテラン、七十歳ほどのメイ・メッシーはいっていた。

図書館まわり、出版社まわりで、昂奮したり、いき苦しいほどの競争におどろいたりしたあとで、ピッツバーグの図書館学校で、エリザベス・ネズビット女史の「児童文学」を聴講したときは、清涼剤をのんだ思いがした。現実の子ども、そのあいだをかけ歩く図書館員、出版物のもうけの率を話してくれる編集者、こうしたもののなかで、その時どきの事実の細部に刺戟されて、ほこりをたてて私の頭のなかに、すっと筋道が通った感じだった。ネズビット女史の教室では、十二人の学生が、むかしから、いままでのこってきた本、つまり古典は、なぜのこってきたか、そのなかには、子どもを吸引するどんな要素がはいっているか、その要素は、創作の場合とは、どんな関係をもっているか、などを、いくつかの作品を例にとって、分析していく。私は、あるとき、呆然となって、二時間の授業を聞いたことをおぼえているが、それは、ネズビット先生が、ある物語を、口で話して——ダイジェストでなく、一字一句のこさず——なぜこの物語が語って美しく、たのしく、おもしろいかを分析してみせた時間であった。私が呆然となったのは、先生の声でえがきだされる山坂を、私も一しょにたどっているような生理的な快感をおぼえたと同時に、こうした分析をうけたら、日本のお話は、支離メッツレッツになってしまうだろうという思いが、胸いっぱいにひろがってきたからだった。結局、子どもの文学というのは、このような分析にたえるほどの、具象化と動きがなければならないのだな、と、私は、その時はっきり考えた。

自分なりのなっとくを得たつもりで、私は一年後、帰国したのだが、帰ってみておどろいた。日本では、ものを書くにも、本を出すにも、私が一年見たり、考えたりしてきたのとは、たいへんちがったところで事がおこなわれている。（じつをいうと、これは、出かけるまえとおなじ状態だったのである。）つまり、子どもとのあいだにすきまがあいている。ある図書館を見にいったら、子どもがうようよいて、ちょうどその日、十何冊かのまんがつきの雑誌がはいった日だとわかった。雑誌以外の本を読んでいる子はいなかった。ここでは、子どもと雑誌は密着していたが、かれらの読んでいるものは、消耗品であった。

一ばんこまったのは、私が、ほかの人たちにわかってもらえるような話をすることができなかったことである。私には、日本の子どもはちがうのだろうか？　かれらは、おもどなかった。日本の子どもと、欧米の子どもの反応をうらづけにしての意見なしろいと思うことがちがい、考える能力がちがうのだろうか。私は、まず、自分で子どもの反応をたしかめなければならないと思った。それは、感想を書かせるというような方法でではなく、自然に見てとらなければならない。

二年間、私は、まめにある地方の小学校の上級の子どもを相手に本を読んでやった。読んでもらうつもりだったけれど、その子たちは、まんが以外のものをたのしみに読むところにいっていなかった。しかし、最初、五分の話もじっと聞いていられなかった子が、しまいには二時間ぶっつづけに聞けるようになっていた。二年のおわりに、一ばんおもしろかった話の題を聞かしてもらったら、具象化がはっきりしていて、プロットがたち、動きのあるもの――よい昔話では、これが完全に近い程度に成就されている――が、圧倒的に多かった。

それから、場所を東京に移して六年、今度は、ほんとに子どもに読んでもらい、世界じゅうの子どもの興味はおなじ、というかんたんなことを、私は、九年かけて、私なりになっとくできたような気がする。九年はすこしながすぎるけれど、私は、後悔していない。

　このごろ、子どもと一しょに本を読んでいて、子どもたちがおもしろがるところで、私も胸のなかが、むずむずとなってくると、私は、これから何か始まるような気がしてならない。

解説　「深く関わっていける」資質

梨木香歩

本書は石井桃子の独白とも言えるエッセイ群を編んだものだが、読後改めて、「クマのプーさん」と「ピーター・ラビットの絵本」が、彼女にとって特別の作品であったことを、ひしひしと感じている。

「プーさん」との出会いが最初からいかに運命的であったかは後半で取り上げるが、それに比べて一筋縄ではいかなかったらしいポター作品とその著者との「付き合い」が印象深い。「ピーター・ラビット」に出会った当初、彼女は「さらっとしたお話」だと思ってほとんど気にも留めなかった。だがそれはやがて「気がかりな、こわい本」になる。ビアトリクス・ポター本人にも複雑な惹かれ方をしていく。所収の「ニア・ソーリーまいり」では、ポター作品やポター本人を「訳すのに苦手」だと言っている。「きらいとか、すきとかいうこととは、全然関係がな」くそうだというのだから、向き合うのが苦手だったのだろう。それはつまり、本当は似た資質の持ち主だったからではないか。

ビアトリクス・ポターは晩年農場経営に手腕を発揮し、湖水地方の土地を次々と買い入れてナショナル・トラストに寄付する（その甲斐あって、今の湖水地方の景観が守られた）。石井桃子も戦中から戦後にかけて宮城県の山奥に移住し、自ら鍬を持って開拓、翻訳などで得た印税をその農場経営や協同組合につぎ込んでいる。土や家畜相手の労働、ということに掛け値なしの価値を認める人は珍しくないが、主体としてその労働のなかに身を投じていける人間はそう多くはない。そしてその「深く関わっていける」資質が、創作の際、選ぶ言葉にも反映されていく。石井桃子が苦手としながらもどんどんポターに傾倒していったのは、ミルンに対してと同様、運命的なものだったのではないだろうか。


さて、本書後半に、続きの章で収められている「ビリー」と「ビル」は同一人物、読めば同じ思い出について書いてあるのだということがわかる。前者はその思い出の元になった出来事から一年目、後者は二十年目に執筆されている。だが同じ思い出で、書いている本人も同じでありながら、細部は大きく違う。

紅葉の季節、ニューイングランドの小さな町で、知人の甥夫婦の家に宿泊させてもらうことになった石井桃子は、そこの家の末の男の子と親しくなる。迎える初めての朝、朝食をとる予定の七時近くになると、石井の部屋の前の廊下を小さな足音が行ったり来たりし始める。果たして七時になると、「ビリー」(一年目)の方では、石井が「おはいり」と声をかけるとすぐに入ってきてぶっきらぼうに「おきる時間」と言ったことになっているのだが、「ビル」(二十年目)では、ドアノブがかちゃかちゃいって、小さい声で「おきる時間、おきる時間」とささやく(なんとも可愛らしい)。もっと大きな違いは、「ビリー」での石井はそれから、自分の身支度をすませ、彼といろんな話をしながら折り紙のツルを折ってあげる。一方、「ビル」の方では、石井はベッドのなかから「おはいりなさい」と言い、入ってきたビルの体が(寒い廊下をうろついていたせいで)すっかり冷え切っているのを不憫に思って、「私は、彼を自分のわきに寝かせ、あたためてやりながら、この小さい子を相手に会話の勉強をした」。まるで、母親か祖母が、生まれたときから知っている愛し子に接するそれのように、冷たくなった彼の体を自分の体温で温めた、というのだ。これが石井桃子だ、と思う。一年目では、まだそこを書くのにためらいがあったのだろう。しかし二十年目では、なんだかもう確信犯のように、さらりとそのことを書いている。この二十年間に何があったのだろう。

そもそも、石井桃子が児童文学に大きく開かれることになったきっかけは、本書のタイトルにもなっているエッセイに、詳しく述べられている、犬養邸での、*The*

*House at Pooh Corner*との出会いである。その出会いで彼女は、「その時、私の上に、あとにも先にも、味わったことのない、ふしぎなことがおこった。私は、プーという、さし絵で見ると、クマとブタの合の子のようにも見える生きものといっしょに、一種、不可思議な世界にはいりこんでいった。それは、ほんとうに、肉体的に感じられたもので、体温とおなじか、それよりちょっとあたたかいもやをかきわけるような、やわらかいとばりをおしひらくような気もちであった。」

母子間に色濃くあるような一体感、性的な意味合いを超えた、ある種のエロスの向こうに広がる世界——とばりの向こうはそういう世界であったのだろうか。

さらさらした金髪の五歳の男の子、「おきる時間、おきる時間」と小さくささやく男の子は、まさしくプーの世界の住人、クリストファー・ロビンのように思われたのではないか。そのクリストファー・ロビンを、自分の寝床に思わず引き入れて、母鳥が雛を温めるように温めた、その比類なき幸福感を、石井は最初、世間に向けてうまく説明することができずにいたのではないだろうか。それでありのままに描くことをためらったのかもしれない。しかしこの理屈なきエロスを通してやってくる圧倒的な生命力、これこそが児童文学の持つ力だと、かつら文庫での活動を通すうち、彼女は確信するに至ったのだろう。それがその後の「ビル」となったのではなかろうか。翻って、たとえ「ビリー」の方が現実に起こったことなのだとしても、この間《かん》の年月で、石井のなかで思い出が「ビル」に変わっていくほど、その「エロス」への肯定感が強まっていったということだろう。(かつら文庫の開設は一九五八年。その四年後には雑誌『母の友』で「わが友ビル」という、これもまた同じ題材のエッセイを書いているが、このときにはもう、「…おとなしく私のベッドにはいって、しばらく一しょに寝て」という表現になっている)

　石井桃子も人間である限り完璧ではない。試行錯誤も迷いもあっただろう。にもかかわらず、その名前は——ずいぶん早くから——批判や反論を寄せ付けない「児童文学の神様」のように扱われてきた(この手のエロスの前には、日本人の批判精神は全面降伏するのだ)。その「扱われ方」の良し悪しは別として、そういう土壌が、空気が、作られてきたことは事実である。それは結局のところ、「あたたかいもやをかきわけ」、「やわらかいとばりをおしひら」いた向こうの世界への番人として、また守り手として、彼女ほどたくましく雄々しく、頼り甲斐のある人物はもう二度と出ないであろうことを、私たちが心のどこかで悟っていたからであろう。

(作家)

初出一覧

プーと私『図書』一九六九年六月、岩波書店／『石井桃子集7』一九九九年、岩波書店
A・A・ミルンの自伝を読む『石井桃子集7』一九九九年、岩波書店
「ピーター・ラビットの絵本」を訳して『月刊絵本』一九七五年二月、すばる書房盛光社
ニア・ソーリーまいり『月刊絵本』一九七七年六月、すばる書房
ビアトリクス・ポターの人と作品　一九七〇年、恵泉女学園短大紀要 no.5
みどりのサセックス『朝日ジャーナル』一九七三年十二月二十一日号、朝日新聞社
オーデンセゆき『世界ジャーナル』一九六二年三月、世界ジャーナル社
美しい秋の一日『こどものとも』八十一号附録、一九六二年十二月、福音館書店

＊

井伏さんとドリトル先生『井伏鱒二全集月報』一九九八年／『石井桃子集7』一九九九年、岩波書店
「ドリトル先生」の作者ヒュー・ロフティングという人『学校図書館』一九六二年七月、全国学校図書館協議会
「ピーター・パン」の生まれるまで『文庫』一九五七年十二月、岩波書店
「マザー・グース」は生きている『どうよう』一九六〇年四月、どうよう社／『石井桃子集7』一九九九年、岩波書店
ジェイコブズ「イングリッシュ・フェアリー・テールズ」『民話』一九五九年三月、未來社
「グリム童話」雑感『文庫』一九五六年九月、岩波書店

＊

キャロリン・ヒューインズ女史『図書館雑誌』一九五八年七月、日本図書館協会
モーアさん『世界』一九五六年三月、岩波書店
「ジョニーはなぜ字が読めないか」『文藝春秋』一九五五年十二月、文藝春秋新社
クリスマスとラーゲルレーヴ『文庫』一九五五年十二月、岩波書店
遠い友を迎える『コルウェル女史講演会パンフレット』一九七六年十月、東京子ども図書館

＊

子供のためのブックリスト、ふたつ『図書』一九五〇年十二月、岩波書店

海外児童図書の出版事情『学校図書館』一九五七年八月、全国学校図書館協議会
アメリカの子ども図書館『Ｂｏｏｋｓ』一九五六年十二月、Ｂｏｏｋｓの会
児童図書館の条件『金光図書館報　土』一九五九年九月、金光図書館

＊

ホーム・シックにかからなかった記『朝日新聞』一九五六年一月九日、朝日新聞社
気らくな旅『文芸広場』一九五六年一月、公立学校共済組合
ビリー『婦人之友』一九五五年十二月、婦人之友社
ビル『文藝春秋』一九七四年一月、文藝春秋
アメリカを旅して　いく組かの母子『子どものしあわせ』一九五六年六月、福音館書店
「珍談」『図書』一九五五年十一月、岩波書店／『石井桃子集７』一九九九年、岩波書店
自動車の恐怖　初出不詳、一九五七年
英語のいろいろ『學鐙』一九五六年三月、丸善／『石井桃子集７』一九九九年、岩波書店
外遊のききめ『學鐙』一九六三年五月、丸善

○表記は、新字新かなづかいに改め、読みにくいと思われる漢字には、ふりがなをふった。
○本文は、原文を尊重して用字・用語の不統一についてはそのままとしたが、明らかな誤記・誤植と思われるものは訂正した。
○今日では不適切と思われる語句・表現については、作品発表時の時代的背景と著者が故人であることなどを考慮して、原文どおりとした。（編集部）

＊本書は二〇一四年一月に小社より刊行された単行本をもとに、新たに数篇入れ替え、再編集したものです。

編集
大西香織
協力・写真提供
公益財団法人　東京子ども図書館

プーと私《わたし》

二〇一八年 四 月一〇日 初版印刷
二〇一八年 四 月二〇日 初版発行

著 者 石井《いしい》桃子《ももこ》
発行者 小野寺優
発行所 株式会社河出書房新社
〒一五一－〇〇五一
東京都渋谷区千駄ヶ谷二－三二－二
電話〇三－三四〇四－八六一一（編集）
〇三－三四〇四－一二〇一（営業）
http://www.kawade.co.jp/

ロゴ・表紙デザイン 粟津潔
本文フォーマット 佐々木暁
印刷・製本 中央精版印刷株式会社

Printed in Japan ISBN978-4-309-41603-8

石井桃子記念 かつら文庫 ごあんない

かつら文庫は、子どもたちがくつろいで自由に本が読めるようにと願い、石井桃子さんが1958年にはじめた小さな図書室です。のちに東京子ども図書館へと発展し、現在はその分室として活動しています。地域の子どもたちへの本の読み聞かせや貸出のほか、石井さんの書斎の見学など、大人の方たちにもご利用いただける施設として、みなさまをお待ちしています。

1960年頃のかつら文庫　石井桃子さんと子どもたち

●所在地　〒167-0051　東京都杉並区荻窪3-37-11

●お問合せ

公益財団法人 東京子ども図書館

〒165-0023　東京都中野区江原町1-19-10

Tel.03-3565-7711　Fax.03-3565-7712　URL http://www.tcl.or.jp

＊開館日等の詳細はお問合せ下さい